RESEARCH ON
THE CHINA'S TREASURY CASH
MANAGEMENT

财政国库现金管理研究

基于管理效率评估及最优化视角

BASED ON THE ANALYSIS OF
MANAGEMENT EFFICIENCY AND OPTIMIZATION

张 原 著

社会科学文献出版社
SOCIAL SCIENCES ACADEMIC PRESS (CHINA)

　　本书得到国家自然科学基金项目"中国财政现金管理效率评估及其最优化研究：基于公共财政视角的理论与实证分析"（编号：71103183）资助。

前　言

　　近年来中国公共财政体制改革不断深入，财政国库现金迅速增长并且一度突破4万亿元，但同时也出现了两难并存的局面——高额财政国库现金闲置的巨大时间价值损失和财政国库现金高位波动对央行宏观政策尤其是货币政策造成显著影响。本书以当前财政国库现金管理效率为问题导向，主要研究财政国库现金波动对宏观政策效率的影响。对此，本书重点借鉴主要发达国家实施现代财政国库现金管理制度的成功经验，探讨当前中国财政国库现金流波动特征，在此基础上，以中央财政国库现金为例重点研究当前财政国库现金总量波动对宏观政策效率的影响，同时分析财政国库现金存量结构调整对宏观政策效率的影响，并且重点探讨财政国库现金偏离最优水平的效率评估，最后进一步借鉴国际经验，测算财政国库最优库底现金余额，分析提升中国财政国库现金管理效率的市场化管理制度的选择。

　　研究表明，在当前中国人民银行经理国库的制度背景下，财政国库现金总量与基础货币、货币供应量都存在稳定的反向关系，财政国库现金的增减将导致基础货币和货币供应量的收缩和扩张。财政国库现金与各层次货币供应量之间存在长期的协整关系，财政国库现金波动会引起货币供应量变化，财政国库现金的正向冲击导致货币供应量产生显著的负向反应，货币供应量由于财政国库现金增减而产生收缩和扩张效应。财政国库现金转存商业银行的结构调整会通过商业银行的资产负债结构影响货币供给政策，财政国库现金

1

协议定期存款促使商业银行定期存款对活期存款比重上升，以此影响商业银行储备水平与信贷能力。同时，财政国库现金需要商业银行提供抵押品，抵押比例越高，商业银行必须留出的储备购买债券越多，这就促使财政国库现金转入商业银行后社会可用资金下降，导致商业银行向中央银行寻求更多的储备资金，最终引起货币供给水平波动。

由上可知，中国财政国库现金出现了低效率的问题，尤其是对货币政策造成了负面的影响。对此，中国必须结合财政国库现金流波动规律及其对金融货币市场的影响特征，借鉴国际成功经验，实施现代财政国库现金市场化管理的制度改革。尽管发达市场经济国家财政国库现金市场化管理制度具有一定的差异性，但为提升国库现金管理效率而实施财政国库现金市场化管理的基础条件基本相似：一是准确构建财政国库现金流预测模型；二是准确测算最优财政国库库底资金；三是厘清中央银行与财政部门关于财政国库现金管理职责的制度安排。在此基础上，确定闲置财政国库现金的投资运作模式，选择财政国库现金管理券等短期现金流融资的制度安排，加强财政国库现金管理市场化的宏观政策协调。

本书进一步结合中国中央财政数据分析了财政国库现金流的特征及预测方式，构建了财政国库最优现金余额模型。研究发现，中国财政国库现金流收入相对支出的可预测性更高，但随着部门预算、国库集中支付等财政管理制度改革的深入，财政国库现金流支出也将更具可预测性。同时，结合测算得出的财政国库最优库底现金余额，发现目前中国财政国库现金已经大幅高于最优水平，这反映了财政国库现金管理效率亟待提升。在实施现代国库现金市场化管理制度方面，混合金库制是最优的制度选择，在此框架下，闲置财政国库现金可以通过买回国债、商业银行定期存款等方式加以利用，并且注重通过货币市场工具适时开展安全性、流动性可控的货币市场运作，在财政国库现金赤字融资问题上，研究证明该操作不会影响中国长期财政可持续性问题，而且对于促进金融市场深化具有积极作用。最后，还应积极构建中央银行与财政部门的日常协调机制，降低财政国库现金市场化运作对宏观政策的影响。

目　录

图目录

表目录

第一章
导　言

第一节　研究背景和问题提出

财政国库现金是指进入中央银行国库且尚未实现支付的财政预算资金①，在技术上可以将财政国库现金看作财政部门在中央银行的活期存款。改革开放以来，中国经历了"分灶吃饭"和大包干等财政体制改革，但都未能实现财政收入稳步增长和财政国库现金充裕的目标。1994年中国推行分税制财政体制改革，从收入方面初步理顺中央与地方之间的分配关系，破解了长期以来全国财政收入占GDP比重和中央财政收入占全国财政收入比重偏低的难题。紧接着，财政部门又推行了"收支两条线"、预算外资金清理等收入管理制度改革，财政收入稳步提高，从1978年的1132亿元上升到2000年的13395亿元。与此同时，我国政府国库现金余额也不断增加，从1993年12月的473亿元上升到2000年12月的3100亿元。②

在巩固财政收入改革成果的同时，政府逐步将改革重点转向财政支出管理。2000年以来，政府着力推行部门预算改革，提高了预算编制的科学

---

① 这里的财政预算资金包含一般预算收支和国债收支。现行《中华人民共和国国家金库条例》规定：国家一切预算收入，应按照规定全部缴入国库，任何单位不得截留、坐支或自行保管；国家一切预算支出，一律凭财政机关的拨款凭证，经国库统一办理拨付。因而，我国政府国库现金逐渐成为所有财政预算收支的综合反映。

② 数据来源于《中国金融年鉴》和《中国人民银行统计季报》。

性和完整性，在此基础上，政府于 2001 年启动了国库集中收付管理制度改革，改变了传统财政预算收支的分散模式，财政预算收入直接进入国库，财政预算支出实行国库集中支付，预算单位账户实现零余额制度。在这种背景下，随着财政收入于 2012 年快速增长到 117210 亿元，国库现金继续出现迅速增长的现象，由 2001 年 1 月的 3678 亿元上升到 2017 年 10 月的 40792 亿元，尽管近年来中央加大力度推动国库现金管理制度变革完善，部分国库现金通过定期存款招标转入商业银行以获取更高收益，但近年来国库现在高位运行的状况并未得到根本性改善，2014 年 11 月财政国库现金依然高达 45422 亿元①（见图 1 – 1）。

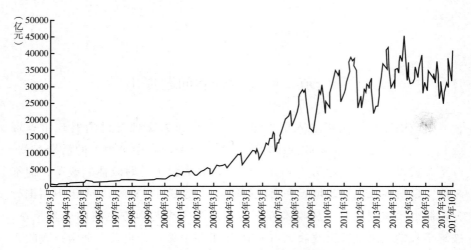

图 1 – 1　1993 年 3 月至 2017 年 10 月中国国库现金走势

4 万亿元国库现金凸显了近年来财政改革的成果，也意味着现阶段中国财政实力的增强。然而，4 万亿元国库现金数量巨大，现行管理模式日益暴露出低效率的现象，如何管理和使用这些资金，政府对此面临着一系列新的问题。

一方面，在国库现金市场化管理制度改革之前，国库现金快速增长可能出现时间价值损失，这种损失的直接表现是国库现金的利息收益损失。改革开放以来，中国一直实行"委托金库制"，财政部门以"存不计息，

---

①　数据来源于《中国人民银行统计季报》和中国人民银行网站 http：//www. pbc. gov. cn。

汇不收费"的办法将国库现金作为活期存款存放在中国人民银行，国库现金没有任何利息收益。尽管 2003 年之后，按照财政部、中国人民银行《关于印发〈国库存款计付利息管理暂行办法〉的通知》（财库〔2002〕62 号）规定，2003 年 1 月 1 日开始对国库现金以当期活期存款利率计付利息，然而，由于人民银行也是中央政府直属机构，它支付了国库现金利息将减少人民银行上缴财政的经营利润，这对中央政府来说净收益是零，从而这种制度不能说明国库现金得到了利息收益。[①] 从资金管理效率而言，国库现金时间价值损失不能不引起我们对国库现金管理制度的思考。

另一方面，国库现金高位运行，其增量水平的变化对中央银行货币政策造成了显著的影响。在当前人民银行经理国库制度下，国库现金增加意味着将公众手中的现金或者银行储备转到中央银行国库机构，减少了公众手中的现金和银行储备，从而导致基础货币的下降，相反地，国库现金的下降意味着部分国库现金返回流通领域，这相当于增加基础货币的投放。2004 年 10 月 18 日，《财经时报》刊登了题为《国库全年超收 5000 亿，巨额存款为难央行》的文章（王长勇，2004）。文章指出，2004 年 7 月，中央银行共投放基础货币 451 亿元，但由于国库现金增加 1254 亿元，实际共回笼基础货币 803 亿元，对冲了央行的基础货币投放，这种现象在近年来国库现金高位波动的情形下尤为突出。

上述问题是现阶段中国巨额国库现金效率突出问题的两个方面，既关系到财政部门的闲置国库现金时间价值损失，又影响到中央银行的货币政策。对于财政部门而言，其主旨是在保证财政资金正常拨付和资金安全的前提下，最大可能地提高国库现金使用效益，在这种情况下，财政部门针对巨额国库现金，必然倾向于推行国库现金市场化投资运作，获取投资收益。然而，巨额国库现金的投资代表着巨大的货币投放过程，当前中国财政部门如果将国库现金直接转为商业银行的存款或者投资于货币市场，其

---

① 这种制度还有另一个潜在的问题：地方财政国库现金余额与财政预算收支规模成正比例关系，这就会造成财政收支规模大的东部沿海发达地区的国库现金利息收入也同比例放大，而财政收支规模小的中西部地区国库现金利息收入也较小，这样就进一步加大了地区间可用财力分配的不平衡。此外，从另一个角度看，由人民银行支付的各级政府国库现金利息，最终还是要由财政部来埋单，这客观上就形成了一种中央对地方的自动转移支付，使富者更富、贫者更贫，这又与转移支付目标相悖（孙勇，2006）。

直接的结果是市场上顿时增加了超万亿元的基础货币，社会流动性大大增强，这必然极大地增加了中央银行公开市场操作的压力，再加上近年来中央银行为应对外汇储备的急剧增长而采取的中央银行票据的货币冲销政策，中央银行将表现出极大的被动性。因而，如果脱离货币政策效率的考虑，那么现阶段国库现金市场化管理可能使中央银行陷入被动。另外，从中央银行角度看，在实现高效的货币调控的前提下，其目标是保持币值稳定。根据这个思想，结合当前推行稳健货币政策的现实，中央银行将以财政国库现金置于央行国库为最优策略，这样才能确保市场上流动性不会因为国库现金而发生急剧变化，但这样操作的直接结果是财政国库现金的巨大时间价值损失。

可见，财政部门或者中央银行单方面的行动都不能使国库现金达到最优，只有实行两者兼顾的方式才可能实现帕累托改进。因而，国库现金管理的市场化改革必须兼顾货币政策效应，国库现金投资收益最大化必须同时兼顾央行货币政策的收益最大化，否则国库现金运作和央行货币政策将不可避免地发生冲突。在发达市场经济国家，改进国库现金管理制度安排是降低国库现金时间价值损失及提高财政资金使用效率的重要手段，政府通过实施国库现金管理，将央行国库账户的国库现金稳定在最优水平，满足财政国库日常支出需求，将闲置国库现金投向货币市场进行投资运作，实现国库现金余额最优化和投资收益最大化，同时由于国库现金余额保持稳定，从而也有效解决其对基础货币扰动的问题。2006 年 6 月，财政部、中国人民银行《关于印发〈中央国库现金管理暂行办法〉的通知》（财库〔2006〕37 号）规定，我国中央国库现金管理操作方式包括商业银行定期存款、买回国债、国债回购和逆回购等，在国库现金管理初期，主要实施商业银行定期存款和买回国债两种操作方式，其中商业银行定期存款要求 120% 的国债质押，这与国库现金管理"安全性、流动性和收益性"的原则相吻合，即坚持安全稳健的国库现金投资操作，不涉及高风险投资领域。

然而，中国国库现金管理实践目前仍主要局限于中央财政，而且操作规模、操作方式等均受到较大限制，人民银行与财政部门各自的职责尚未厘清，其结果是国库现金高位运行的难题依然没有解决。国库现金市场化管理的制度安排应如何设置？中国当前的国库现金管理模式有何效率损失？如何协调央行与财政在国库现金市场化管理中的关系？如何准确设置央行国库库底现金以实现高效国库现金市场化管理？对此，本书重点借鉴主要发达国家实施现代财政国库现金管理制度的成功经验，分析探讨当前中国财政国库现金流的波动特征，并在此基础上，以中央财政国库现金为例重点研究当前财政国库现金总量波动对宏观政策效率的影响，同时分析财政国库现金存量结构调整对宏观政策效率的影响，重点探讨财政国库现金偏离最优水平的效率评估，最后进一步借鉴国际经验，测算财政国库最优库底现金余额，分析提升中国财政国库现金管理效率的市场化管理制度选择。

第二节　研究思路与研究框架

本书的具体研究思路是：在梳理财政国库现金管理文献的基础上，比较发达国家国库现金管理的经验及其基本做法，接着分析当前中国国库现金流收入支出的总体特征，从现金流波动及国库现金转存商业银行角度分析当前中国国库现金管理对货币政策效率的影响，并通过测算国库最优现金存量来评估当前国库现金管理效率，在此基础上，结合发达国家的经验，分析提升中国国库现金管理效率的制度选择。根据这个思路，本书的研究框架如图 1－2 所示。

结合上述思路，各章内容安排如下。

研究报告开头是导言。阐述本课题研究选题的基本情况，包括选题背景、研究思路与研究框架等。

第二章是相关概念界定及文献综述。财政国库现金是本书的研究对象，本部分对财政国库、财政国库现金及财政国库现金市场化管理内涵等相关概念做简要概述，同时，重点对相关文献综述进行梳理评价。

第三章是外国财政国库现金市场化管理制度：国际比较。财政国库现金市场化管理制度在发达市场经济国家已发展了几十年，近年来经济发展与信息网络技术迅速升级促进了国库现金管理制度安排的不断完善，很多市场经济国家根据自身实际建立了各自的国库现金管理体系。本部分主要对外国政府特别是美国和英国国库市场化管理的手段进行分析，以期对中国财政现金管理效率提升提供借鉴。

　　第四章是中国财政国库现金流收入特征及预测。本部分以中央财政国库为例主要探讨国库现金流收入的总量变化及结构特征，以此反映财政国库现金收入的影响因素，并在此基础上讨论国库现金流收入的可预测性，揭示国库现金收入流的规律特征及其内在问题。

　　第五章是中国财政国库现金流支出特征及预测。本部分以中央财政国库为例主要探讨国库现金流支出总量变化及结构特征，以此反映国库现金支出的影响因素，并在此基础上构建国库现金流支出预测模型，揭示国库现金支出流的规律特征及其内在问题。

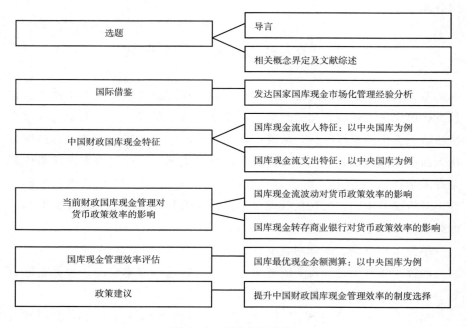

图 1 - 2　研究框架结构

　　第六章是财政国库现金波动对货币政策效率的影响。以中国财政国库现金和其他相关变量月度时间序列数据实证研究当前中国财政国库现金对货币政策的影响。运用动态计量分析方法研究中国国库现金对货币政策操作目标、货币政策中介目标和货币政策信贷传导机制的影响。具体而言，采用协整分析方法检验变量间的协整关系，通过格兰杰因果检验法判断国库现金与货币变量之间潜在的因果关系，采用脉冲响应和方差分解技术分析国库现金对货币变量的影响程度，以此综合反映中国国库现金对货币政策的影响，为设计兼顾货币政策效应的国库现金市场化管理制度提供经验依据。

第七章是财政国库现金转存商业银行对货币政策效率的影响。2006 年 6 月 5 日我国财政部和中国人民银行联合颁布《中央国库现金管理暂行办法》，该办法明确了中央国库现金管理操作要求，即在确保中央财政国库支付需要的前提下，以实现国库现金余额最小化和投资收益最大化为目标的一系列财政管理活动。该办法自当年 7 月 1 日开始生效，标志着我国中央国库现金管理制度改革开始进入实质性阶段。然而，中央国库现金转为商业银行定期存款对货币市场会产生什么影响？作为货币市场主体的商业银行将如何受到国库现金存款的扰动？国库现金转存商业银行的哪些问题值得中央银行公开市场操作的关注？这些都是国库现金市场化管理制度改革需重点解决的问题。对此，本章将构建分析框架，借此讨论国库现金转为商业银行定期存款对货币政策效率的影响。

第八章是财政国库最优库底现金余额测算，探讨财政国库现金偏离最优水平的效率评估。财政国库现金收入与支出预测是国库现金管理制度的重要组成部分，但不管是收入预测，还是支出预测，其目标都是为了科学界定国库最优库底现金，为财政国库现金市场化管理效率提升奠定基础。本部分以中央国库为例，首先从理论上扩展鲍莫尔模型构建国库现金支出需求模型，以确定国库最优现金支出需求。此外，进一步结合我国宏观经济环境及货币市场发展程度，运用中央财政国库现金数据进行实证研究，通过多种方式测算国库最优库底现金水平，并据此提出国库最优库底现金设置的几种方案。

第九章是提升中国财政国库现金管理效率的制度选择。本章在前面理论与实证分析的基础上，分析中国国库现金市场化管理的最优模式，并且依据前面的研究，重点分析国库现金市场化管理中闲置国库现金投资、国库现金管理券融资及宏观政策协调等方面的制度选择。

第三节　研究方法

本书运用现代经济学分析方法，采用规范分析与实证分析相结合的方式进行研究，具体而言，主要采用的方法有如下三点。

一　调研分析法

调研分析国库现金操作具体办法、中国国库现金管理的现状、存在的问题，以及了解近年来国库相关改革的一些具体工作，向中央财政部及甘肃省财政厅、黑龙江省财政厅、山西省财政厅、上海市财政局、重庆市财政局、深圳市财政局等省市级财政部门了解国库现金管理制度的一些相关改革和管理办法，了解地方国库与中央国库的关系。同时召开国库现金国际研讨会，与国外国库现金管理专家探讨我国国库现金管理的重要问题。

二　逻辑推理与归纳分析

本书通过分析发达市场经济国家国库现金管理制度的一些现实情况，归纳总结出一些共同特征，揭示发达市场经济国家国库库底资金设置及国库现金流预测等国库现金市场化管理的相关制度安排，为我国开展相关改革提供借鉴。

三　计量分析法

本书运用这一方法实证研究中国国库现金管理对金融货币市场的影响，具体而言，主要利用动态计量分析方法考察国库现金与相关货币变量之间的动态关系，即通过单位根检验分析国库现金与相关货币变量的平稳性；在此基础上，运用协整理论对非平稳时间序列进行检验，分析同阶单整时间序列之间是否存在长期协整关系；同时采用格兰杰因果检验方法分析国库现金与货币变量之间潜在的格兰杰因果关系，并运用脉冲响应和方差分解方法度量国库现金对货币变量的影响方向和影响程度。

第二章

相关概念界定及文献综述

第一节　相关概念界定

国库现金是本书的重要概念，为此，本章首先对财政国库、财政国库现金及财政国库现金市场化管理概念进行分析，并在此基础上，对现有文献进行梳理总结。

一　财政国库概念

尽管我国国库的历史可以追溯到夏朝，但直到1904年清朝的国库仍然以实物为主①，近代才开始出现现代国库的雏形，即将国库与国家财产收入联系起来，并以此与传统的帝皇财产相区别（谭平，1929）。对于国库具体的概念，虽然其历史比较久远，但并没有形成完全一致的定义，而是随着经济的发展而出现不同的解释。《辞海》指出："金库，亦称国库，经管国家预算收支的机构。金库或由国家在财政机关内单独设立，或由国家银行代理。国家预算收入均须纳入金库；国家预算支出均须自金库拨付。"（单学勇，2004）这个解释基本上是基于我国原来计划经济体制下形成的

---

① 中国人民银行：《国库的产生、发展与重要作用》，中国人民银行网站，http：//www.pbc.gov.cn，2010。

国家金库职能。黄挹卿和王传纶（1994）认为，"国库是负责办理政府预算收入和支出的出纳机关，它是政府预算执行工作的重要组成部分，是政府预算执行的基础"。这些解释与亚当·斯密所强调的政府角色相适应，即政府仅仅扮演"夜警"的角色，市场由"看不见的手"支配，财政收支的定位仅仅为了满足政府正常运作的需要，从而决定了传统国库比较单一的职能。因此，传统国库是办理财政预算收入的收纳、划分、留解和库款支拨的专门机构。

然而，20世纪30年代经济大萧条以后，发达市场经济国家积极运用凯恩斯有效需求理论主张政府干预，强调扩大政府支出可以解决经济有效需求不足的问题，从而使财政收支规模得到了空前发展，国库的管理内容和作用得到了不断加强，因此在国库概念的认识上也有了新的解释。邱华炳（2001）指出："传统意义上的国库，是经管政府预算收入和支出的机关，担负着办理政府预算资金的收纳和支拨，反映和监督政府预算执行情况的重要任务，是国家宏观经济抉择的信息资料库。而现代意义上的国库已不再仅仅是政府资金的托管者，而是一个主动的政府现金和财务的管理者，并在此基础上凭借全面及时的信息优势，成为对政府财政收支活动进行全方位管理的管理机构。"马海涛和安秀梅（2003）对国库做了进一步的深化，他们认为："现代意义上的国库已不仅仅是经办政府预算收支的保管出纳机关，而是政府实施宏观财政管理和微观财政控制的重要工具，是全面履行财政管理职能、对政府财政收支进行全方位管理和控制的综合性管理机构。"

在现代市场经济体制下，政府宏观调控具有纠正市场失灵的作用，政府对经济和社会发展起着积极而重要的作用，财政国库的职能作用也由传统的单纯政府收支执行管理发展到财政实施宏观调控和政府理财的经济综合管理。随之而来的是国库的职能和作用随着经济的不断发展而逐步趋于综合化、集成化和复杂化。我国自2001年开始实行国库集中收付制度改革以来，已基本建立了以国库单一账户体系为基础，资金缴拨以国库集中收付为主要形式的现代财政国库制度。不仅如此，目前我国财政国库职能包括了国库集中收付、国债及国库现金管理、政府采购管理等三方面财政主流业务，是现代公共财政管理体系的核心所在。因此，国际货币基金组织认为，现代意义的国库已不单是指国家金库，更重要的是指财政代表政府控制预算执行，保管政府资产和负债的一系列管理职能。需要说明的是，目前我国已建立了比较健全的财政国库管理制度，同时传统的中国人民银行国库仍沿袭着经理国库的角色，应该说我国财政国库管理制度代表了我国完整的财政预算执行、政府债务及现金管理和政府财务报告管理等一系列职能，也就是国际货币基金组织所明确的国库，而传统的人民银行国库还承担着财政收入收纳国库、国库支付清算以及国库数据信息报告反馈等职能，是现代财政国库管理制度的组成部分。

二　财政国库现金概念

明确了国库含义之后，国库现金的概念就更容易理解。顾名思义，国库现金就是国库管理的财政预算资金。[①] 在现阶段中国人民银行经理国库制度的背景下，中央国库现金管理制度改革尚处于初级阶段，纳入中央国库管理的财政预算资金主要体现为财政部门在中国人民银行的活期存款，在现行统计报表中，我国国库现金主要反映在中国人民银行货币当局资产负债表中的政府存款项目。

国库现金来源于财政预算资金，财政预算收入来源及支出结构将成为决定国库现金余额的主导因素。以《2009 年政府收支分类科目》为例，我国现行支出分类采用了国际通行做法，即同时使用支出功能分类和支出经济分类两种方法对财政支出进行分类。其一，支出功能分类。简单地讲，就是按政府主要职能活动分类。我国政府支出功能分类一般设置公共服务、外交、国防等大类，类下再分款、项两级。主要支出功能科目包括：一般公共服务、外交、国防、公共安全、教育、科学技术、文化体育与传媒、社会保障和就业、社会保险基金支出、医疗卫生、环境保护、城乡社区事务、农林水事务、交通运输、采掘电力信息等事务、粮油物资储备及金融监管等事务、国债事务、其他支出和转移性支出。其二，支出经济分类。这是按支出的经济性质和具体用途所做的一种分类。在支出功能分类明确反映政府职能活动的基础上，支出经济分类明确反映政府的钱究竟是怎么花出去的。支出经济分类与支出功能分类从不同侧面、以不同方式反映政府支出活动。我国支出经济分类科目设工资福利支出、商品和服务支出等 12 类，类下设款，具体包括：工资福利支出、商品和服务支出、对个

---

① 包括债务收支，不包括未纳入预算管理的预算外资金。

人和家庭的补助、对企事业单位的补贴、转移性支出、赠与、债务利息支出、债务还本支出、基本建设支出、其他资本性支出、贷款转贷及产权参股和其他支出。

此外，政府收支分类改革后，政府收入分类全面反映了政府收入的来源和性质，不仅包括预算内收入，还包括预算外收入、社会保险基金收入等应属于政府收入范畴的各项收入。从分类结构上看，新的收入分类科目设类、款、项、目四级，四级科目逐级细化，满足不同层次的管理需求。第一类：税收收入，下设增值税等21款；第二类：社会保险基金收入，下设基本养老保险基金收入等6款；第三类：非税收入，下设政府性基金收入等7款；第四类：贷款转贷回收本金收入，下设国内贷款回收本金收入等4款；第五类：债务收入，分设国内债务收入、国外债务收入2款；第六类：转移性收入，分设返还性收入等10款。

总体而言，中央财政预算收入包括税收收入、非税收入、国债收入、基金收入等收入来源，中央财政预算支出包括中央本级支出、转移性支出、债务兑付支出及基金支出等方面，这些决定了财政收支的复杂性，从而也决定了准确把握国库现金波动潜在的难度。

三 财政国库现金市场化管理概念

过去二十多年来，许多国家都加强了国库现金市场化管理，在这方面进行了制度和技术的创新，将良好的国库现金市场化管理作为完善财政管理的重要内容，并作为实施财政政策和推进财政改革的重要措施。国库现金市场化管理成为财政管理重要功能的背景主要有两个方面。一是在受托责任理论的影响下，认为政府的管理应当更加严格，不仅预算执行是履行受托责任，而且资金运行管理也是履行受托责任，财政部门有责任对政府部门的资金进行管理。在实践方面，资金的运作降低了财政筹资成本，对财政政策的实施也产生了影响。二是国际经济一体化的趋势使得各国都更加重视金融管理，注重货币政策实施，这也必然涉及加强国库现金市场化管理的问题。从多国情况看，各国进行国库现金市场化管理多是以本国的财政管理体制为基础，并由于本国财政管理制度的演变过程不同而形成了不同的特点，然而，国库现金市场化管理同时也具有一定的共性，随着各国进行国库现金市场化管理的不断深化，对国库现金市场化管理基本概念，国库现金的范围，国库现金市场化管理的主要内容等，都形成了一定的规范。总体来说，国库现金市场化管理是指财政部门在代表政府进行公共财政管理的过程中，预测和控制国库现金、通过金融市场运营国库现金的一系列政府理财活动。国库现金市场化管理的目标是使政府财政管理活动的现金需求最小化、现金收益最大化，并与货币政策目标一致。国库现金市场化管理属于现代公共财政管理的组成部分，包括设置银行账户体系和管理国库现金，在财政收支过程中控制国库现金流量、预测国库现金流量，在金融市场进行国库现金投融资活动，以及反映和报告国库现金市场化管理结果等内容。

结合中国目前处于传统计划经济向社会主义市场经济转型时期，社会信用体系比较薄弱、金融体制改革不断推进的实际情况，财政部国库司（2007）认为中国国库现金市场化管理的概念应该包括以下几方面的内容：①国库现金市场化管理是对政府短期现金流入、流出和余额的管理；②国库现金市场化管理应该首先满足政府短期现金流的流动性需求，然后才是安全性和收益性；③国库现金市场化管理本质上是一种成本效益型管理，而不仅仅是国库闲置现金余额最小化和投资收益最大化的管理，因为国库现金余额管理虽然是通过金融市场运作实现的，但它仍是一种政府性行为，必须充分考虑政府现金市场操作的安全性；④国库现金市场化管理应该包括政府内部及其与金融部门之间能够提高国库现金收支和余额管理效率的激励性制度安排；⑤国库现金市场化管理应该涉及宏观经济政策问题，包括与债务管理政策的一致性及尽可能减少对货币政策的影响；⑥国库现金市场化管理应该是一种宏观经济发展战略及与其相关的全部管理活动。因此，广义的国库现金市场化管理是指按照流动性、安全性、收益性的原则，充分协调债务管理和货币政策，有效管理政府内部及其与金融部门之间涉及短期现金流和现金余额的一系列发展战略及相关管理活动。狭义的国库现金市场化管理则是指按照安全性、收益性的原则，通过金融市场投融资有效管理政府短期现金头寸的发展战略及相关管理活动。

第二节　文献综述

现有相关文献中，国外的相关研究大致可以分为两个阶段，一是20世纪 80 年代之前，发达市场经济国家还没有成熟的现代国库现金市场化管理制度安排，有关国库现金对货币政策效应影响的理论研究大都集中在这个阶段，特别是 20 世纪 60、70 年代，相关问题引起了激烈的理论争议。二是 20 世纪 80 年代以来，发达市场经济国家在前一阶段理论研究的基础上，结合先进的信息网络技术逐步建立起较为高效的国库现金市场化管理制度，相关研究逐步转向具体制度安排的应用操作层面，这个阶段的研究较多集中在具体的制度安排方面。谢志霞（2011）研究指出，国库现金管理大致可分为集权型与分权型两种类型。集权型以法国为代表，由财政部通过在中央银行设立的国库单一账户体系控制中央政府和地方政府的收入收缴和支出支付；分权型以美国为代表，由中央和地方政府各自负责自己的国库现金管理，中央政府对本级国库收支进行合理统筹安排和投融资，地方政府自主管理本级的国库现金。与国外不同，中国直到 20 世纪 90 年代才逐步开始建立公共财政体制，国内相关研究集中在 2001 年以后，特别是近年来国库现金的高速增长引起了学术界的一些讨论。

根据本书的研究目标，文献主要集中在三个方面：一是国库现金管理对金融货币市场的影响；二是回顾国内外国库现金流预测的相关研究；三是梳理国库最优库底资金测算的研究。后面两个方面可以归结为熨平国库现金影响的相关研究。由于国库现金源于财政预算收支，国库现金流收支与财政预算收支息息相关，只有确定财政收入与财政支出才能客观反映国库现金流收支情况，因而较多的研究并不是单纯就国库现金流进行分析，而是从财政收入与财政支出角度分别预测，然后对国库现金流的基本情况做出判断。国库现金流收支预测不仅仅与国库现金市场化管理制度密切相关，还与各国宏观财政调控、预算管理息息相关，因而相关研究成果比较丰富也比较复杂，相比而言，国库最优库底资金测算的研究则相对较少，而且由于其应用相对具体，因而从理论层面的研究成果相对较少，这里也主要根据一些具体情况进行阐述。

一 财政国库现金管理对金融货币市场的影响

国库现金对货币政策效应的影响机制与国库现金管理制度有着密切的关系，不同制度下国库现金对货币变量将产生不一样的影响。Kinley（1908）研究了独立金库制的情形，指出在经济发展过程中，税收和其他预算收入不断将货币从流通领域转入国库，政府财政支出使货币由国库返回到流通领域，但这些操作只关注财政自身的状况而没有考虑到这种行为所引致的货币需求，从而难免对货币供给产生影响。在最简单的情况下，国库就像是一个水库一样，资金从各个方面源源不断地流入国库，同时又不时地流出，但流出和流入却没有什么固定的关系。财政收入行为导致流通中高能货币即基础货币减少，而支出行为又导致流通中基础货币增加，结果可能发生以下情况，当经济流通领域需要货币时，国库却因财政收入上升而导致流通中基础货币减少，造成不必要的紧缩效应；而当流通中货币供应过多时，财政却因增加支出而产生基础货币的额外膨胀。

这些观点得到 Friedman 和 Schwartz（1963）研究的证实，他们在《1867～1960 年美国货币史》研究中，运用 19 世纪末的美国历史数据研究发现，1879～1897 年美国货币供应量的变化归因于基础货币的变化，而国库现金在很大程度上是造成当时基础货币短期波动的主要原因，假如没有国库现金的不稳定性，那么基础货币（高能货币）和货币存量将更加稳定。这种结论比较符合美国当时推行的独立金库制度（Trask，2002），在这种制度下，国库现金变化会导致基础货币反向变化，即国库现金增加将减少流通中的基础货币，国库现金收缩将造成市场上的基础货币供给增加的现象，从而影响货币供应量。

然而，Duggar 和 Rost（1969）对上述结论提出了质疑，他们研究指出，1879～1892 年国库的目标是通过偿还债务抵消财政预算盈余带来的国库现金增长。然而国家债券的偿还并没有实现预算盈余下降从而促使国库现金的减少，相反地，债务偿还导致银行票据存量减少从而增加了国库现金，但总体而言对基础货币并没有造成很大的影响。这具体的解释是：当用于银行票据抵押的政府债券被赎回时，没有导致预算盈余由于偿还国债而产生国库现金存量的等量下降，而仅仅导致国库现金的一小部分下降，其原因是私人银行简单地将债券卖给政府而资金仍然作为存款放在国库，并用于国库对银行票据的偿还和回收。因而，银行法定存款的增加与国债偿还导致的国库存款下降相抵消，国库现金并没有产生太大的改变，因而对基础货币也就没有太多的影响。产生这些争议的主要原因在于当时美国政府国库部分扮演了中央银行的角色，国库既有财政预算收支，而且还包含私人银行的法定储备，即当时美国国库现金可以分为两类：①国库账户自有资金，即纳入国库管理的财政预算收支；②银行的准备金。Friedman 和 Schwartz（1963）研究时所指的是第一类国库现金，即本书所说的国库现金，而 Duggar 和 Rost（1969）的研究却没有对国库现金进行分类，而是将两类国库现金作为一个总体，从而得出了不一样的结论。

对于委托金库制，相关研究发现国库现金对货币政策效应的影响与独立金库制相似，都造成了基础货币的变化，进而对其他货币变量产生扰动。Hald（1956）研究指出，1914 年美联储成立，并且扮演了中央银行的角色，美国联邦政府决定将大部分国库现金存放在联邦储备银行，国库现金管理制度由原来的独立金库制转变为委托金库制，然而，这种行为并没有改变国库现金对基础货币等变量的影响方式，具体表现为，美联储存放着国库现金及其成员银行的准备金，从而国库现金的改变将引起成员银行准备金的反向变化。政府财政部门通过控制美联储持有的国库现金数量，就可以有效控制其成员银行的准备金，从而影响市场的货币供给。Hald 发现在 20 世纪 40、50 年代，国库现金已经成为货币市场的一个重要的短期因素，美国联邦政府有几次通过国库现金的变动来控制成员银行的准备金，当时国库现金收支的不规则波动影响了基础货币、货币供应量和利率等变量。

20 世纪 60 年代以来，国库现金的管理逐步表现出复杂化，其对货币政策效应的影响机制也变得相对复杂。20 世纪中期发达市场经济国家运用凯恩斯有效需求理论主张政府干预，赢得了经济的长足发展，到 20 世纪 60 年代美国等发达国家经济仍处于高速发展阶段，政府国库产生了较大的国库现金盈余，国库现金收益问题开始引起政府的广泛关注①。为了实现闲置国库现金收益的最大化，政府部门将国库现金的管理策略由以前单纯的"库藏管理"转向闲置资金投资运作，国库现金管理制度开始转向银行存款制或者混合金库制。在这种制度下，国库现金对货币政策效应的影响与闲置国库现金投资运作方式息息相关。相关研究主要集中在两个方

---

① 1961 年和 1965 年美国政府间关系顾问委员会（Advisiry Commission on Intergovernmental Relations，ACIR）讨论了美国州和地方政府的闲置资金问题，认为政府由于没有进行现金管理而导致每年损失的利息收入在 0.5 亿～1 亿美元，而当时州和地方政府的支出水平在 1000 亿美元左右。

面：闲置国库现金的投资运作方式选择以及具体投资方式下国库现金对货币变量的影响机制。

关于闲置国库现金投资运作方式选择，争论的焦点在于：国库闲置资金应考虑在开放经济环境中购买具有较高收益的安全债券，还是应该将其按照定期存款或者活期存款的形式存放在商业银行以取得利息收入？[①] Dobson（1968）研究指出，就地方政府国库闲置资金而言，地方政府在开放环境下用它购买外国或者其他地区高安全性高收益短期债券等资产组合所获得的收益将高于作为存款获得的收益；但这对当地商业银行来说却少了一个大客户，银行存款储蓄额也因此受到影响，商业银行的信贷数量就会减少；相反地，如果考虑到将储蓄转换成投资，那么地方政府将地方国库闲置资金放在当地的商业银行将增加商业银行的货币储备，并因此可能增加信贷，从而由于投资的支出乘数作用而促进当地经济的发展，反过来促进当地的税收提高。因而，地方政府国库闲置资金存款获得的利息与增加的税收之和的综合收益将可能高于用其购买安全债券的直接收益，这将促使地方政府将国库现金存放在当地的商业银行。Aronson（1968）和 Wheeler（1972）认为地方政府未必能够实现上述所说的综合收益，地方政府国库闲置资金的投资仅需考虑即时的直接收益而不必关注综合收益，其主要理由是：①投资乘数很小，从而经济发展所带来的税收增加将极其有限；②商业银行接受政府公共储蓄必须提供抵押品（如固定收益债券），从而将阻碍商业银行按公共储蓄增加的比例来增加贷款，这归结起来就是，国库现金存款所导致的贷款投资增加的扩张作用极为有限。Cooper（1972）认为，倡导将地方国库闲置资金储蓄在当地银行的学者隐含地假定了地区封闭经济的存在，但是如果银行信贷是完全流动的，那么这种观点就无法成立了。对此，Dobson（1972）持反对意见，他用经验说明了地区间利率差异和银行区域化的问题在现实生活中是确实存在的。可见，闲置国库现金投资方式的争论并没有形成一个一致的结论，在现实生活中，各国各级政府闲置国库现金投资运作的制度安排也存在差异。各国的具体实践说明了这一点，美国联邦政府与英国等发达市场经济国家对于闲置国库现金投资采取的方式并不一致，美国联邦政府与地方政府也采取不完全

---

① ACIR 在 1965 年提出的两种方式。

一样的投资方式。然而，尽管闲置国库现金投资方式不一样，但总体上可以分为两类：商业银行存款和货币市场投资。不同的投资方式将决定其对货币政策效应影响机制的差异。

对于国库现金的商业银行存款方式，Haywood（1967）研究指出，国库现金存款对商业银行资产偏好的影响从而产生对整个经济的影响，反映在与这些存款相关的抵押品需求上，政府国库现金存款附属抵押品的质量和类型会对商业银行资产组合选择行为形成一个额外的约束。尽管有一系列的抵押品符合政府公共存款的抵押品要求，但是 Haywood 研究表明大部分的抵押品是政府债券和市政公债，因而，政府增加在商业银行的国库现金存款可能导致商业银行流动性损害，从而导致商业银行调整资产负债结构，最终将影响商业银行的信贷水平。Verbrugge（1973）也认为国库现金存款的抵押品要求限制了银行信贷扩张，他指出从表面上看，要验证政府存款的增加是否会增加商业银行的信贷数量，主要在于检验政府存款增加是否导致正的贷款份额，但事实上，由于政府国库现金存款必须有相应的债券资产作抵押（抵押比例为 100% ~ 120%），所以国库现金存款的增加可能会导致商业银行对债券等抵押资产的需求，从而限制了贷款数量的扩张，导致商业银行的资产和负债结构发生变化，影响货币政策的银行贷款渠道。另外，Acheson（1977）研究了加拿大国库现金在私人银行之间的分配行为，发现国库现金转存商业银行会受到利益集团的影响，从而导致国库现金存款在银行间分配的低效率，进而可能扰动商业银行的信贷传导机制，最终影响货币政策的有效性。

对于国库现金的货币市场投资方式，主要将影响货币市场的货币政策传导效率。Hecklman 和 Wood（2005）研究指出，英国政府的国库现金并不像美国那样大部分存入商业银行，而是大部分在货币市场进行投资，如购买安全债券等，由于国库现金数量巨大，因而闲置国库现金投资货币市场必然引起货币市场流动性深度和广度发生变化，从而影响公开市场操作效率。当然，具体的影响机制与投资的具体品种密切相关。徐德华（2013）研究发现中国中央国库现金转存商业银行定期存款的操作过程中，国库现金存款的中标利率丰富了货币市场利率体系。经数据检验后构建误差修正模型（Error Correction Model，ECM）结果发现，中标利率和上海银行间同业拆放利率（Shanghai Interbank Offered Rate，Shibor）之间存在一定的长期协整关系，在预期阶段 Shibor 更多地受自身波动的影响，在影响阶段 Shibor 对中标利率具有较强的参考意义。王文素、周剑南和宁方景（2013）研究指出，国库现金管理与货币政策的协调模式分为主动协调与被动协调两类，主动协调模式不但阻碍国库现金使用效益的提高，还会引起整体经济层面上的额外负担；而被动协调模式既可以避免这两种不利影响，也能够抵消国库现金管理对货币政策的冲击。杨玉霞和楼清昊（2014）运用协整方法与误差修正模型，检验国库资金余额变动与货币政策中介目标之间是否存在长期协整效应与均衡的偏差调整机制效应。其结果反映出在长期国库资金余额变动对货币政策中介目标具有负向效应，在短期则存在负向反馈机制，且在长期中国库资金对货币供给量影响程度较大。

Mattson 等（1990）研究指出，由于国库现金是纳税人的资金，所以不管采用什么方式，都必须将安全性放在首要位置，根据这个要求，国库现金的货币市场投资应以安全债券买卖为主，而债券买卖必须以回购方式为主，但不能进行多空操作。对于债券的组合，人们往往认为政府国库现金管理在法律上有一些额外的规定，所以政府闲置国库现金投资与企业现金管理购买的债券组合将存在较大差异，但是 Mattson 等（1990）通过经验数据比较了政府与企业的资金管理，发现由于政府和企业的资金管理目标都要求低风险性、高流动性和高收益性，从而在实际运作过程中企业与国库现金投资所选择的资产种类并没有明显的差异。从这个意义上说，闲置国库现金在货币市场投资运作中可能促进债券流动性的提高，从而将提高中央银行公开市场操作的效率，对货币政策产生积极影响。

然而，国库现金的货币市场投资对货币政策效应产生积极影响的同时，也会对货币变量造成负面影响，从而扰动甚至破坏货币政策稳定性。Lynch，Shamsub 和 Onwujuba（2002）研究指出，20 世纪 90 年代的 10 年间，美国许多州和地方政府将闲置国库现金在州政府公共投资机构进行投资或者自行投资，由于投资不慎导致了巨大的资金损失，最为严重的损失是美国奥兰治地方政府投资池（Orange County Investment Pool），该机构的闲置资金投资损失达到了 16.9 亿美元，占总损失的 57%。Bunch（1999）研究发现，奥兰治地方政府投资池的投资问题直接影响了得克萨斯州地方政府公共资金的机构投资池——Textpool。他指出由于投资问题的出现，

1994 年得克萨斯州地方政府从 Textpool 提取了 3 亿美元，紧接着下一周，地方政府提取了将近 22 亿美元的资金，占 Textpool 资金余额的 59%。为了满足临时大量挤兑造成的现金流支出，得克萨斯州政府购买了 Textpool 的证券，这个行为直接导致了得克萨斯州损失 5500 万～9700 万美元，也对银行体系和货币市场的稳定性造成了显著影响。陈建奇和张原（2010）研究指出，国库现金转存商业银行仍然会通过商业银行的资产负债结构影响货币供给政策，国库现金需要商业银行提供抵押品，促使国库现金转入商业银行后社会可用资金下降，导致商业银行向中央银行寻求更多的储备资金，从而导致国库现金增加引起利率水平的上升。在平滑国库现金影响的政策选择上，中央银行表现出一定的被动性，通过加强监管、选择抵押品比例等方式是央行调控国库现金影响货币供给政策的重要手段。

此外，与企业一样，政府国库现金也会面临赤字困境，在这种情况下，国库现金必须通过融资实现，从而也就产生了国库现金赤字融资对货币政策效应影响的问题。赤字对货币变量的影响是一个经典的话题。传统的货币理论认为中央银行独立性是确保价格稳定的充分必要条件。然而，Sargent 和 Wallace（1981）研究发现，如果货币当局必须为财政部门筹集铸币税以弥补财政赤字缺口，那么财政变量就会对价格等货币变量造成影响，最终超额的财政赤字和不断增加的国债水平就必须由中央银行发行货币解决，从而产生通货膨胀效应。"价格水平决定的财政理论"（Fiscal Theory of Price Level Determination）则从理论上说明了政府的财政政策在决定价格水平和通货膨胀时起着很重要的作用。在财政当局和货币当局的博弈中，若财政当局先行动，货币当局则被迫面临平衡跨期预算约束的困难选择，央行的货币供给是财政政策的函数。在财政占优的经济体制中，央行被迫货币化赤字而引发通货膨胀，因此存在从赤字到通货膨胀的因果关系（Woodford，2001）。Canzoneri 等（2001）应用价格水平决定的财政理论对共同货币区和货币联盟进行分析，研究指出货币体系的稳定需要更严格的财政制度，特别地，他们发现《马斯特里赫特条约》（The Maastricht Treaty，简称《马约》）和《稳定与增长协定》（Stability and Growth Pact）提出的财政约束是保证货币体系稳定的充分条件。但 Buiter（2002，2005）却对价格决定的财政理论提出质疑，他们认为将跨期预算约束解释成均衡的条件而不是约束的做法导致了该理论在逻辑上的非一致性。事实上，从不同的侧面研究，可以得出赤字对货币变量的一些不同影响，这也决定了赤字问题的复杂性，理论界对此仍没有一致的结论。

二　财政国库现金流预测的相关研究

财政国库现金流预测是提升财政国库现金管理效率的重要基础。任元芬、王凌飞和罗琎（2013）研究认为，国库现金流预测是国库现金管理的基础，通过对国库现金流的动态分析，准确、及时地对国库现金流入量、流出量及存量进行预测，监控目前和未来一段时间的现金流状况，把库存现金控制在一个最佳水平范围内，可以为国库现金管理提供可量化信息，合理做出国库现金管理决策，对国库现金管理发挥支持作用。韦士歌（2003）研究指出，预算收支管理是国库现金管理的基础。发达国家财政部在管理国库现金的操作中，一般是根据预算收支状况在年度内的季节性变化规律，并结合分析经济运行态势对当前及未来一段时间的预算收支状况进行科学预测后，决定短期债券的发行时机和发行数量，相机决定如何有效地管理国库现金。

国库现金流预测研究包含两方面的内容，一是与国库现金相关的财政收支预测，二是国库现金流的预测。财政收支预测与宏观经济目标具有密切联系，因此财政收支预测研究的回顾必然涉及对宏观经济预测的回顾。陈燕武和吴承业（2002）在对宏观经济预测模型发展的研究中认为国外的宏观经济预测模型发展主要经过了三个阶段：一是在 20 世纪 30~70 年代，主要是在经济理论的基础上，通过建立复杂的宏观经济计量模型，使用最小二乘法或者工具变量法进行参数估计。二是在进入 20 世纪 80 年代以后，由于大量商业化经济计量公司的出现以及对前述预测方法有较大误差的声讨，促使人们对预测方法的改进。三是由希姆斯提出了一种处理宏观经济非稳定数据的向量自回归（Vector Auto Regression，VAR）模型，开创了另一次宏观经济计量模型的研究高潮。财政收入预测与宏观经济预测同样经历了这样三个阶段。然而，Teresa 等（2007）认为，各国财政收支预测研究成果丰富程度与各国的财政制度相关性比较强。比如，美国州政府法律要求在财政年度结束时实现预算平衡，从而引起了美国的大量相关研究，而在欧洲，为了监测成员国是否遵循《马约》及《增长与稳定协定》的协议要求，导致了政府与学术部门对财政预测的大量研究。

Teresa 等（2007）研究指出，考虑到财政收入与支出预测的重要作用，几乎所有国家的财政政策部门都通过经验判断、简单回归方程、时间序列方法与结构性宏观经济模型，或者上述某些方法的组合来实现某种预测过程（见表2－1），设计一个灵活的预测过程以满足财政政策决定的需要，这会对适当方法的使用产生某些压力。在实际预测过程中，并没有规定必须使用什么预测方法，Bretschneider 等（1989）比较了不同预测方法的准确性，发现专家判断与简单计量方程的结合，比其他时间序列或者复杂的计量方程要准确。他们认为这主要是由于从事预测的工作人员可能对某些特定的事项有更多的了解。Grizzle 和 Klay（1994）也发现，通过专家判断与简单回归方法的结合比其他复杂模型来得准确。与此相类似，Lawrence 等（1998）也支持简单回归方法。

但 Baguestani 和 McNown（1992）、Nazmi 和 Leuthold（1988）仍然坚持复杂时间序列技术可能更为实用。Pike 和 Savage（1998）、Sentance 等（1998）、Cao 和 Robidoux（1998）、Giles 和 Hall（1998）、Willmans 等（2004）提出了结构化财政宏观经济模型，这种模型作为递归工具为预算预测提供了估计财政政策对经济行为影响程度的手段。此外，他们的研究是在确保宏观经济、通货膨胀与预算目标一致性的前提下进行的。然而，这种模型通常太泛从而难以给出政府财政收支具体而详细的估计，而这恰是公共财政评价所必需的工作。

表 2－1　美国地方政府收入预测方法比较

方法	优　势	劣　势
判断法	简单 有时精确度非常高	精确度不如定量方法
		难以判断预测是否准确
		难以进行长期预测
		难以提供预测细节
		随着人员的流失预测模型也会受到影响
		预测结果易被左右
		易忽略特殊的观点导致预测偏差
		外在模型的缺失减弱了预测外部因素或者政策改变所带来的效果

续表

方法	优　势	劣　势
趋势外推法	定量方法中成本最小 与经济技术方法相比更加简单直接 更加合理	不能够解释预测变量变化的经济含义 趋势在未来的不确定性 对数据及建模技术的高要求
经济模型	政策制定者学习变量间关系及经济假设 更多地依赖于外部经济学家	建模时间长 模型假设要求高 对精确度的影响

资料来源：本表总结自相关文献 Reddcik（2004）、吕宁（2006）。

除了预测方法的选择、预测模型的研究以外，关于预测不确定性的衡量问题是近来财政收支预测研究中的一个大方向。预测的不确定性反映了预测值与可能的结果之间的离差，其含义是说预测误差存在不确定性，而这种不确定性的描述是针对某模型的一种性能判别，并不是针对某次预测或某项预测。预测不确定性的研究伴随着预测技术的应用而产生，包括预测不确定性的来源、预测不确定性的测量、预测不确定的处理方法等。Clements and Hendry（1998）提出了五种以模型为基础的预测误差的来源：经济基本结构的未来变化；对模型的错误说明；作为预测起点的基期数据的错误测算；模型参数估计不准确；未来的经济误差（或冲击）的累积。Hendry 总结认为预测不确定性的测量在经济学实践中有多种用途：①在结果实现之前，对预测不确定性的测量可用来评估预计的预测误差的不确定性，从而有助于对预测进行限制并且描绘可能的结果的预计范围；②预测、结果、相应的预测误差和估计的预测不确定性有助于评价预测的模型；③预测不确定的测量有助于预测模型的改进；④预测不确定性的测量有助于区分预测中的数字准确性和统计准确性；⑤从预测不确定的程度中可以得到许多与现实生活相关的暗示（吕宁，2006）。

国内学者也对财政收支预测进行了丰富的研究和探讨。主要有以下几个方面：第一，通过时间序列预测。郭秀和路勇（2004）详细介绍了如何建立一种地方财政收入的预测模型，尽管没有实证数据的支持，但是文中详细介绍了如何建立存在季节性趋势的 ARMIA 模型。张伦俊（1999）通过时间序列、线性回归、自回归模型三种方式对税收收入进行预测，并比较了三种方法的预测精度，在此基础上对原模型进行了改进。第二，回归模型。程毛林和张伦俊（2005）通过全国财政收入与三次产业增加值之间的关系介绍了两种多元非线性回归模型的预测方法。郭菊娥、钱鑫和曹华（2004）首先在对我国税收收入利用 AMOS 软件建立因果模型的基础上，分析得到影响我国税收收入的主要因素，并在此基础上构建税收收入的回归预测模型。陈健、郭菊娥和席酉民（2005）在国外文献的研究基础上，借鉴国外经验对我国消费税的税收根据征收来源进行分类，对每一来源进行回归，最后得到消费税预测额。第三，其他模型。寇铁军和金双华（2001）在税收收入数据期限较短以及缺少相关经济变量资料的条件下，运用灰色系统理论建立 GM（1，1）预测模型，并将其与拓展的线性二次移动平均方法联合运用，对具体税种收入进行预测分析。顾军华等（2003）提出了一种综合共轭梯度和自适应变步长的改进反向传播算法（Back Propagation，BP），并利用改进的 BP 算法建立了税收预测模型。林国玺和宣慧玉（2005）针对经典的 BP 人工神经网络存在的缺陷，结合遗传算法，提出了基于实数编码的 GA-BP 神经网络税收预测模型，并结合递归预测方法，得到较好的结果。周建军和王韬（2001）通过建立静态税收可计算一般均衡模型，模拟增值税、消费税和营业税等税种不同的征税方案的比较分析（吕宁，2006）。

国库现金流预测的第二个方面是直接以现金流为对象，通过分析历年的国库现金流规律对未来进行预测。这种现金流的预测主要是借鉴企业的现金流预测方法。20 世纪 70 年代以来，随着金融市场的发展和市场经济竞争程度的加剧，提高现金管理水平成为增强企业核心竞争力的重要内容，这极大地促进了现金流预测的研究。但是政府与企业的现金管理目标并非完全相同，政府现金管理面临的更多的法律约束[①]是否使政府现金管理受到比企业更多的约束？Mattson 等（1990）通过经验数据比较了政府与企业的现金管理，发现政府现金管理虽然在法律上有一些额外的规定，但是由于政府和企业的现金管理目标都要求低风险性、高流动性和高收益性，从而使企业与政府在现金管理过程中所选择的资产种类并没有明显的差异。由此，我们可以认为政府现金管理中现金流预测分析方法在很大程

---

① 政府一般会规定现金投资领域。

24

度上可以借鉴甚至沿用企业现金流预测分析方法。

现金流预测分析比较复杂，研究的方法也有很大的差异。有些学者提倡编制现金流量表和现金预算等手段来计划未来的现金流（Stasavage and Moyo，2000；Razek，1993），这主要是从会计方法上研究预测现金流，根据预期的收支行为，预测未来的现金流信息，并进而决定资金的投融资需求，这比较适合短期的现金管理。英国皇家银行学会的研究者提出根据历史现金流的统计特性，分析数据特点，用统计推断的方法得出未来现金流的估计值，这种方法较多地依赖于直观感觉，也主要用于短期的现金流预测。

与前面两种方法相比，计量分析方法预测现金流则更为科学，受到了众多研究者的关注。计量分析主要采用时间序列回归分析方法，有较多的学者采用一阶或者二阶自回归进行一到两年的现金流预测，部分研究发现现金流满足随机游走的特性（Watts and Leftwich，1977；Albrecht，Lookabill and Mckeown，1977），然而有些学者发现了现金流并不是随机游走的，而是更高阶次的自回归（Ramesh and Thiagarajan，1989；Lipe and Kormendi，1993）。Finger（1994）针对以前的研究很多只关注预测短期现金流的现象，采取回归方法尝试预测更长时期的现金流。也有学者尝试使用多元回归模型进行现金流的预测，并发现了一些很好的特性（Lorek and Willinger，1996）。

虽然采用计量方法比较科学，在预测现金流方面也比较准确，但在研究过程中也存在一些困难和问题（Stone and Miller，1987），主要表现在以下几个方面。第一，数据流的筛选问题：由于疏忽没有将不具有时间趋势的数据分离出去，从而导致数据流中含有大量不具有时间特性的信息，而这些不具有时间趋势特征的数据流却可以在3个月或者1个月的时间内得到确认，如支出安排，从而必须对数据流进行筛选，否则将导致预测发生偏误。第二，数据特性差异问题：去除非时间趋势后的数据流也并非一定可以用于预测，因为现金流是非常复杂的，去掉非时间趋势的数据流后，数据流中的有些部分可能的变化周期是1天、1周、1个月，这些数据混合在一起会扰乱数据的特性，无法呈现统一的特性，所以依据这些数据并非一定能给出准确的预测。第三，使用的模型不匹配：以周还是以月为周期进行预测？有些现金流具有周模式（Day-of-week），有些具有月模式

（Day-of-month），周模式与月模式的组合有 28 种，即除了 2 月外每个月有
31 天和 30 天两种，而每个月的第一天从星期一变化到星期天共有 7 种，
再加上 2 月也有两种：28 天与 29 天，从而总共可以组成 28 种周模式与月
模式的组合。因此，恰当的预测分析方法往往难以选择，容易出现模型选
择的系统偏误。第四，会计方法的差异：采用现金收付制和权责发生制两
种不同的会计方法会导致现金流预测的不同，有研究表明基于权责发生制
的现金流预测比较准确（Quirin et al.，1999）。

从上述对国库现金流的研究来看，理论成果已经相当丰富，这些为本
书的研究提供了丰富的借鉴，但各种方法也都存在各自的特点。然而，究
竟哪种方法更适合我国的需要，这是个复杂的问题，也是必须解决的问
题。事实上，关于经济变量预测准确性的争论可以追溯到 20 世纪 60 年代，
美国布鲁金斯学会（Brookings Institution）、美联储 – 麻省理工计量经济
（FRB-MIT）和沃顿商学院（Wharton School）等基于美国经济的大规模计
量经济模型对当时美国经济做出了一些成功预测，因此包含很多方程的大
规模经济计量模型备受推崇，人们对大型模型表现出高度的乐观，Evans
and Klein（1968）认为这些模型很好地拟合了短期内美国经济状态，可以
为经济政策的制定提供很好的参考。但是 20 世纪 60 年代末，一些计量经
济学家开始怀疑这种大型的计量经济模型，Cooper and Jorgenson（1969）
通过比较 7 个不同的模型指出大型模型未必能比一些纯粹的预测模型做出
更好的预测。Steckler（1968）研究了六个不同的模型后，发现大型经济计
量模型并不能完全准确地预测经济行为。20 世纪 60 年代末大型计量经济
模型未能反映当时经济高通货膨胀预期的事实使得其预测能力大大下降甚
至完全错误，大型模型遭到了严厉的批判（Business Week，1970）。人们
将这种失败的原因更多地归咎于模型的错误设定而不是估计方法的不足，
但是通过寻找更多的方程来修正已经极为庞大复杂的计量模型并非可行，
需要寻找新的替代的预测方法。Box-Jenkins 提出的单变量预测方法取得了
较大的成功，虽然移动平均和指数平滑等单变量预测方法因简单且易于维
护而出名，但是 Box-Jenkins 方法却被认为是预测最准确的时间序列模型，
Box-Jenkins 预测准确度超过了很多复杂的模型（Fellows，1991；Hua and
Pin，2000）。基于 Box-Jenkins 预测方法简单、灵活和准确等优点，Box-
Jenkins 方法对国库现金预测具有较高的适用性（陈建奇和张原，2007）。

三 财政国库最优库底现金测算的相关研究

与国库现金流预测丰富研究成果相比，国库最优库底资金测算相关研究则相对较少。关于库底资金的重要性在 20 世纪 60 年代以后才得到关注，当时美国政府开始对政府现金管理进行开创性的研究（Aronson，1968；Cooper，1973）。1961 年和 1965 年美国政府间关系顾问委员会（Advisory Commission on Intergovernmental Relations，ACIR）讨论了美国州和地方政府的现金管理问题，认为政府由于没有进行现金管理而导致每年损失的利息收入在 0.5 亿～1 亿美元，而当时州和地方政府的支出水平在 1 千亿美元左右。Aronson（1968）运用模型进行测算分析之后，指出政府现金管理"缺位"已经构成了一个重要经济问题。Maldonado 和 Ritter（1971）通过三个模型测算了地方政府需要存放的现金流阈值，研究发现，虽然美国州和地方政府都开始注重现金管理，但是却往往保留了过多的现金储备，政府现金大大超过了现金流阈值水平，从而导致了现金闲置的机会成本损失。Pike 和 Savage（1998）研究指出在 20 世纪 60 年代之前，英国政府国库大部分只注重中央政府的财务状况，但在过去 30 多年来，关注的内容已经逐步扩展到整个公共部门的借贷需求，包含地方政府和国有企业，即真正广义上的国家收入，并且引入了预测方法用于评价政府现金状况是否处于可持续水平，对风险给出相应的警告。随着现金流理论的逐步发展，近年来发达国家政府较多地关注具体的现金管理制度实践，相应的研究也较多地集中在制度安排和实施的具体操作实践上（Michel and MacKenzie，2005；Fox，Garrison，Neuhaus and Raftery，2005；Wilder，2005）。

现金流阈值的确定很大程度上依赖于方法的选择，政府国库现金流阈值主要借鉴企业现金流阈值的确定方法进行估计，相关研究也是随着理论的不断前进而逐步丰富（Srinivasan and Kim，1986）。传统上企业的现金管理行为是通过不同的货币需求模型来描述的，这些模型依赖于传统的现金储备基础模型（Baumol，1952；Beranek，1963；Miller and Orr，1966；Eppen and Fama，1971；Dallenbach，1971；Stone，1972；Constantinides，1976）。这些货币需求模型的宏观理论背景源于一批知名的经济学家比如费雪、庇古、马歇尔、凯恩斯和弗里德曼等。众所周知的剑桥学派（Pigou，1917；Marshall，1923）基于 Fisher 的研究（1920）提出了货币需求的货币理论。Keynes（1936）将影响货币需求的因素分成三类：交易性、预防性和投机性动机。Friedman（1959）认为货币仅仅是持有资金的一种简单的方式，它受到诸多因素的影响。

在现金流阈值的理论分析框架中，通常可以分为三个主要的现金需求理论。其一是总量现金管理模型，货币需求被假定是依赖于交易数量（Baumol，1952；Tobin，1956）。其二是生产现金管理模型，它依赖于生产数量或者产出的数量（Friedman，1959；Nadiri，1969；Coates，1976）。其三是财富现金管理模型，它依赖于财富的多少（Meltzer，1963a，1963b；Alessi，1966）。这些模型的主要目标在于界定最优的现金流阈值，在此基础上，各个机构或者部门参照现金流阈值开展现金管理，将超过现金流阈值的闲置现金投资于货币市场，获取投资收益，并且通过适时安排举债弥补现金流的不足，主动适应财务状况的变化，及时化解财务风险。陈建奇和张原（2007）研究指出，Baumol 模型等方法的测算，假设所有现金支出需求都以现金储备为前提，即假定现金借款成本为无限大，从而不可能通过外部市场借款来实现暂时的现金融资，市场主体必须在支付前出售资产以获得支付必需的现金。然而，现实生活中，现金支出超过现金储备时并不一定马上引发现金流危机，而是可以通过外部市场进行借款解决，如果外部融资仍无法满足支出需求，那么才可能引发危机。基于这些考虑，其构建了 Baumol 扩展模型，并分析了中国国库最优现金流，给出较客观的评价。杨青坪和刘莉（2012）通过对陕西汉中 2009 年和 2010 年两年的国库收支状况和库存余额的简要分析，运用 Baumol 模型的扩展模式和 Miller-Orr 模型对国库最佳现金持有量做出估算，得出应进行积极现金管理的结论。

第三章

外国财政国库现金市场化
管理制度：国际比较

国库现金管理制度在发达市场经济国家已经发展了几十年，近年来经济发展与信息网络技术迅速升级促进了国库现金管理制度安排的不断完善，目前很多市场经济国家根据自身实际都建立了各自的国库现金管理体系。尽管各国国库现金管理制度具有一定的差异性，但成功开展国库现金管理的基础条件却没有太大差异：一是国库现金流预测；二是最优国库库底资金的测算。一方面，准确的现金流预测使财政由被动国库现金头寸管理转为主动；另一方面，国库最优库底资金测算能为国库现金管理的投融资操作提供参照系。为此，本章主要对外国政府特别是美国和英国政府国库现金流预测与最优国库库底资金测算进行梳理，以期对我国财政国库现金管理效率提升提供经验借鉴。

第一节　财政国库现金市场化管理的核心内容

有效的国库现金管理对提高中央政府财政预算管理水平具有重要意义（财政部国库司，2007；Yibin Mu，2006），具体表现在以下几个方面：①有效的国库现金管理和控制系统有利于保证国库现金收入和支付的及时传递，减少国库现金收付过程中的层级滞留和运行风险，降低管理不当或欺诈的可能性；②通过设置于中央银行的国库单一账户，不仅可以有效地管理政府的各类账户，提高政府资金管理的控制力和透明度，还能够为实现积极的国库现金管理创造条件；③准确的国库现金流预测有助于中央银行前瞻性地抵消银行部门的流动性波动，并使政府通过发展借款工具以弥补现金收入流与支出流在时间上的不匹配；④将政府持有的闲置现金量降至最低以减少政府的借款需要，既能降低借款成本，又能减少政府资产负债表资产与负债之间的不匹配；⑤通过发行短期国债等融资工具并运用其他机制，能够为政府更好地处理融资需求提供更多的灵活性，还能够促进债券市场的发展；⑥有效的国库现金管理政策有助于消除货币市场的短期流动性变化，降低短期利率的波动性和货币市场的不确定性，实现长期的货币政策目标。尽管由于政治体制和宏观经济管理结构不同，各国国库现金管理组织框架也有所差异，但是，一个有效的国库现金管理体系，通常包括了政府国库现金收支管理、国库现金流预测、国库库底现金余额目标及其投融资管理等三个职能结构，以及闲置现金投资与赤字融资的政策效应（见图3-1），这里主要讨论与国库现金流预测、最优国库库底现金测算相关的国库现金管理职能结构。

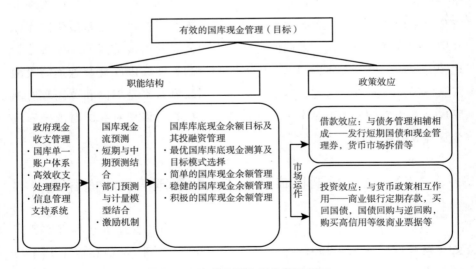

图3-1　有效的国库现金管理体系

一 政府现金收支管理

政府现金收支管理包含三方面的内容，一是国库单一账户体系；二是高效收支处理程序；三是信息管理支持系统。国库单一账户体系（Treasury Single Account）是政府现金收支管理的制度核心，政府通过构建国库单一账户体系，结合信息技术建立信息管理支持系统，实现高效政府收支管理。

英国政府的国库单一账户体系如图3-2所示。英国政府现金收支管理是通过政府账户之间的联系确保现金余额在每个工作日结束时转移至财政部的主账户，以实现政府现金需求的最小化。统一基金账户和国家贷款基金账户是两个最主要的政府账户，其中：统一基金账户是政府的一般性收入账户，国家贷款基金账户是政府的资本性账户，它们均采用收付实现制核算。当统一基金账户资金不足时，由国家贷款基金账户弥补；当统一基金账户出现盈余时，必须在当天将盈余资金转移至国家贷款基金账户。绝大多数的政府借款与贷款，包括政府发行的债券，都是通过国家贷款基金账户完成的（财政部国库司，2008）。

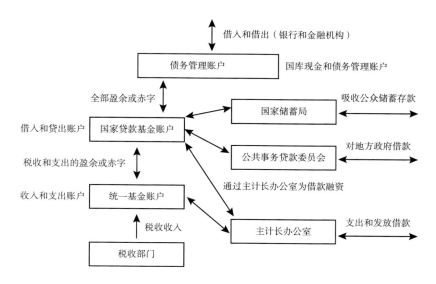

图3-2 英国国库单一账户体系

债务管理账户由债务管理办公室（Debt Management Office）[1] 具体负责管理，主要用于平衡国家贷款基金账户每天的盈余或赤字。从本质上来讲，债务管理账户中的金额是国家贷款基金账户的备用存款，备用金额的大小取决于国家贷款基金账户的资金状况。当国家贷款基金账户出现赤字需要债务管理账户为其提供资金时，如果债务管理账户也出现赤字，就可以从金融市场上融入资金。[2] 同样地，也可以将超过最低库底现金目标余额的资金投资于金融市场。

一般性税收收入和其他收入应缴入统一基金账户，经议会审议批准的部门支出也是由统一基金账户拨付至各中央政府部门账户。这些账户由财政部的一个下属机构——主计长办公室（The Office of HM Paymaster General）负责管理。主计长办公室在英格兰银行（Bank of England）开设一个账户，并通过这个账户向绝大多数中央政府部门及其相关机构拨付资金（英国大约有900个公共机构，主计长办公室账户大约设有2000个账户）。主计长办公室管理的大多数资金都是从统一基金中流出或流入暂时存放于此的资金。主计长办公室账户以外的支出或缴入这些账户中的收入，也属政府支出和收入的范围。主计长办公室账户与统一基金账户之间的转账，统一基金账户、国家贷款基金账户与债务管理账户之间的转账等，都是政府的内部事务。

美国财政部设立一个单一账户管理所有联邦政府资金，也就是说财政部负责保管所有的政府资金。除极少数资金外，均交由纽约储备银行具体代理相关业务。在国库单一账户体系下，每一个联邦政府机构都被赋予了对其资金使用的会计控制职责，但它们并不真正保管资金。财政部财务管理局（Financial Management Service）具体负责资金收缴和拨付工作，它指定了一些存款机构代理存款报告的提供和与联邦储备银行之间的资金转账业务。财务管理局还管理着由10000多家存款机构组成的账户网络，并通过这一网络为其他联邦机构提供服务。

---

[1] 债务管理办公室隶属于财政部，但又保持相对的独立性。它主要负责债务管理和国库现金余额的市场投融资管理。

[2] 债务管理账户在国家贷款基金账户的存款是国民贷款基金的负债，同时又是债务管理账户的资产。如果需要筹集的资金数量增加，这时就需要从金融市场上借入更多的资金，因为国家贷款基金账户从债务管理账户中借入了资金。

联邦政府机构的验证官员（Certifying Officers）是唯一被授权代表该机构向财务管理局申请支付资金的人员。验证官员必须确认所有的支付是合法、适当并且正确的，并将验证确认后的支付申请以纸制凭单或电子文档的方式交送财务管理局。在收到经验证确认后的支付申请后，财务管理局的工作人员需要确认验证官员的签字是否正确。一旦得到确认，财务管理局的支付人员将根据验证官的指令实现支付。这些需要支付的资金，从财政部设立在纽约储备银行的国库账户提取，所有纸制和电子的支付令均通过纽约储备银行进行清算，借记财政部账户，贷记接收和处理该项支付的金融机构。联邦政府实现资金收缴和支付的电子转账方式主要包括有自动清算所、联邦电报系统、互联网接口和纸制支票的电子图像转换等。此外，资金支付还可使用现金、支票和信用卡等方式。

需要注意的是，由于联邦机构向财政部报告的财务处理事项不仅与财政部的现金管理操作有关，还与联邦政府预算收支有关，所以财政部的现金流管理体系应与预算控制体系融为一体，使财政部按照法律规定和国会的意图管理每一笔收入和支出。现金监控体系与预算控制体系共同构成了国库集中会计核算与报告制度的核心。

政府收支管理系统通过电子网络将财务管理局、各联邦机构、商业银行、联邦储备银行和财政部紧密联系在一起。它既可以接收存款信息，发出资金转移指令，将每天的存款资金集中到纽约储备银行的国库账户，还可以为联邦机构通过互联网提供适时的信息以确认存款、自动清算所和联邦电报系统的转账，以及按照凭单调整账目等。这些数据信息一般在网络上保存 7 年，各联邦机构可以通过这一系统，仔细研究、分析存款状况和现金流的大概水平。此外，它还有助于财政部管理由金融机构提供的各项存款服务并监控政府的现金状况。

二　财政国库现金流预测

提供准确的现金流预测是国库现金管理的重要职能，尽管大部分 OECD 国家具有较强国库现金流预测能力，但大多数发展中国家的国库现金流预测能力却比较弱，Yinbin Mu（2006）提出有效国库现金流预测的两个基础制度安排，一是准确反映政府收支历史数据的信息系统，二是预测国库现金流收支的模型。Lienert（2008）提出为了有效预测现金流，还应考虑政府国库现金流支出计划与预算。

具体而言，结合 Yibin Mu（2006）与 Lienert（2008）的研究，准确国库现金流预测应包含以下几个内容。第一，建立信息系统，收集历史国库现金流收支数据，可以考虑在财政信息管理系统里增加现金流收支模块，比如通过会计模块提供国库现金流收支数据，而且信息系统必须具有实时性和准确性，及时为国库现金流收支预测提供服务。第二，提高财政预算支出计划的准确性。预算支出计划准确性越高，越能反映未来实际财政支出需求，预算执行偏离预算支出计划的情形也就大大减少，这将有助于提高国库现金流支出预测能力。第三，建立激励制度促使预算单位编制准确的用款计划。项目执行过程中会存在不确定性，为了保障支出需求与用款方便，预算单位往往高报用款计划，而不是按照项目实际进度申报用款计划，这将出现实际现金流支出与用款计划的偏离。为此，可以通过建立激励制度促使预算单位编制准确用款计划，具体来说，可以考虑对准确编制用款计划的预算单位进行适当的奖励，同时惩罚用款计划编制不准确的预算单位。英国政府通过建立这种激励制度来约束预算单位的用款计划申报。第四，周期性收集主要国库现金流收支信息。一些大的现金流可以提前预测，包括：大公司的税收、国债发行与赎回、工资支出、主要公共项目支出、对下级政府转移支付与社会保障支出等。第五，建立国库现金流量收入预测机制。通过建立财政部门与收入征收机关的收入信息联网和实施电子缴库，以及完善非税收入收缴管理系统，逐步实现财政收入现金流入信息实时获取。在此基础上，通过经验分析和计量经济学模型相结合的方法进行财政收入现金流量预测和分析。

三 财政国库库底现金余额目标及其投融资管理

支付和处理的时滞、现金流的波动和预测的不确定性需要政府能够保证流动性。现金是流动性最简单的表现形式，但持有现金是有成本的。即使拥有高效的支付系统，政府也不可避免地持有现金。实践中，为有效管理流动性，政府通常设置一个最低的国库库底现金余额目标。这个余额目标如何设定，主要取决于国库现金流预测的准确性、国库现金管理操作方式、国内金融市场发展程度以及国库现金余额管理模式等。

国库现金余额管理市场操作的目的是平抑短期现金流的波动，降低持有现金或融入现金的成本，并通过市场投资活动获取收益，其方式主要包括以下几点。

一是发行短期债券。[①] 短期债券通常是指期限在一年之内的债券，期限结构通常为 1 个月、3 个月、6 个月和 12 个月。发行短期债券，不但能够在市场出现短暂波动时为国库现金余额管理提供操作上的灵活性，而且有利于提高债券发行计划制订与执行的透明度和确定性。另外，短期债券还能够在建立高效而富有流动性的国内债券市场方面发挥重要的作用，它为市场提供了多种期限的无风险资产的选择，为银行改善资产负债表提供了额外的质押，使金融机构能够更容易地管理短期流动性需求。

二是货币市场拆借。它是指银行及其他金融机构之间，为了调剂头寸和临时性资金余缺，而进行的短期资金融通活动。通常，当国库现金出现短期盈余时，将盈余现金在货币市场贷出，其期限长短取决于现金流出的预期，反之亦然。另外，如果能够准确地预测未来一段时期内国库现金的不足或盈余，可以在当天既借入资金又贷出资金，其期限分别取决于未来现金流入或流出的预期；如果能够准确地预测未来一段时期的利率走向，还可以采取远期回购的方式提前借入或贷出资金，以获取更大的收益。

三是商业银行定期存款。国库现金余额管理对资金的安全性要求较高，商业银行定期存款收益稳定，因此，配合各种期限要求决定相应期限的商业银行定期存款，是国库现金余额管理最主要的保值增值工具。同时，为防止商业银行经营不善可能出现的支付危机，通常要求商业银行提供等值的或一定比例的质押品。

四是买回国债。当国库现金余额比较充裕的时候，利用闲置资金提前买回一些即将到期且流动性较差的中长期债券，既能够降低债务成本，还能够主动地对债务结构进行优化调整。实施买回国债市场操作时，一方面要对市场总体债券结构进行认真分析，确认各种期限债券的市场情况并据此确定相应的合理措施；另一方面还要认真研究未来利率走势，选择在利率下降时适时买回即将到期的中长期债券，降低债务负担。

---

① 有些国家还发行现金管理券，其期限通常在 1 个月以内，是专门为了调剂短期国库现金流余缺而发行的。

五是国债回购与逆回购。它是货币市场一种经常使用的交易方式，也是中央银行进行公开市场业务操作的基本方式。作为货币市场回购交易的基础，国债回购利率是货币市场回购利率的基准，其高低直接反映了市场资金的利率水平。由于国债回购与逆回购在提高国债市场的流动性方面发挥着重要作用，它也是国库现金管理市场操作的一种重要手段，具体执行时国库现金管理机构一般只是作为普通的市场参与者进行回购交易，但也有一部分国家的国库现金管理机构在进行国债回购交易前需要与中央银行进行协调，确保其交易与中央银行公开市场操作的一致，以免影响中央银行货币政策的有效执行。

根据设置的国库现金余额目标的额度大小和国库现金余额管理市场操作方式的不同，将国库现金余额管理划分为简单的国库现金余额管理、稳健的国库现金余额管理和积极的国库现金余额管理三种模式。

六是简单的国库现金余额管理。在这一模式下，财政部并不设立国库库底现金余额的最低目标，也不将国库闲置现金投资于金融市场，只是根据协议将现金余额存放在中央银行并收取一个类似于定期存款的利息，同时通过发行短期债券或协议借款弥补国库现金的不足，如澳大利亚。

七是稳健的国库现金余额管理。财政部通常为中央银行的国库总账户设立一个数额相对较大但相对稳定的目标余额，这样一方面可以确保各种未预料到的或突发性的支出需要，另一方面还可以获得中央银行为这部分余额支付的利息或提供的投资收益。余额目标以外的国库现金，盈余时主要通过商业银行存款获取利息收益，不足时通过发行短期债券或现金管理券和协议借款予以补充。在这种情况下，中央银行能够准确地了解政府现金的流动性，并通过公开市场操作实现货币政策目标，如美国。

八是积极的国库现金余额管理。财政部通常只设立一个最低的国库库底现金余额目标，虽然目的是满足不可预料的支付需要，但实践中基本不动用这部分余额而尽可能地通过市场融资解决。在这一模式下，财政部通常独立地执行国库现金余额管理职能，国库现金盈余时充分利用各种安全的金融市场工具进行投资以获取收益，国库现金不足时通过发行短期债券或现金管理券和货币市场拆借等手段予以解决。积极的国库现金余额管理对现金流预测的准确性要求很高，国库现金管理机构还需要实时监控现金流状况，以确保在每个工作日都能够完全熨平国库现金收支的余缺，如英国。

第二节 发达市场经济国家财政国库现金流
预测及相关制度选择

一 美国联邦政府经验

美国联邦政府实施国库现金管理的做法可以追溯到 1981 年，当时美国里根总统提出总统管理改进计划（The President's Management Improvement Program），该计划的首要目标就是遏制政府现金流不必要的利息损失，里根总统认为，如果联邦政府借鉴企业现金管理的做法来管理联邦政府现金，那么可以节约大量资金。1982 年以前，美国联邦政府平均每年有 30% 的支出没有及时支付，而 45% 的资金则过早拨付，资金未及时拨付将增加滞纳金费用，而资金提前拨付则造成资金的利息收益损失。里根总统管理改进计划提出了重塑联邦政府现金管理的思路，即要求联邦机构确保财政收入的入库速度和财政资金的及时拨付。1990 年美国联邦政府又出台了现金管理改进法案（The Cash Management Improvement Act），旨在提高联邦政府与州之间的转移支付资金拨付效率。此后美国政府现金管理在 1993 年克林顿总统出台的国家绩效评估（The National Performance Review）中进一步明确政府现金管理效率的重要性，目前美国政府国库现金管理制度已经比较完善（财政部国库司，2007）[①]，而现金流预测则成为重要的组成部分。

预测监控联邦政府现金流是国库的重要职责，国库预测未来 9 个月联邦机构每天现金支出需求，以此确定联邦政府融资、闲置国库现金投资的时间，如果借款需求超过债务余额目标上限，那么必须同时向美国国会请求增加国债目标额度。国库部门根据预算管理办公室提供的数据定时更新未来现金流预测结果。联邦机构部门提供的未来现金流收支信息对于国库部门维持最新最准确的现金流预测报告及库底现金目标余额设定极为重要，如果联邦机构没有将大额支出计划及时通知国库部门，那么可能导致美联储国库账户库底现金不足而难以满足预算单位的支出需求，同样，如果大额收入没有及时通知国库部门，那么将影响国库税收贷款账户

[①] 财政部国库司：《国库现金管理基础与实务》，经济科学出版社，2007。

（Treasury's Tax and Loan Account）的投资效率。此外，为提高对国库现金流的预测精确度，美国联邦政府还要求美国国防部将商品服务的采购支出信息及时反馈给国库部门。

总体来说，需要联邦机构及时通知国库部门的信息包括大额存款、大额支出、国防采购、军队工资以及其他交易信息，这些信息一般在结算之前通过电话或者传真反馈给国库部门。如果有些大额支出信息没有最终确定，那么联邦机构需要给国库部门提供大额支出的估计数及预计支出时间。联邦机构财务主管、国库区域中心等必须及时报告超过5000万美元以上的大额支出，这些支出既包括单笔交易，也包括同一项目的多次交易。关于提前报告的时间规定，总额在5000万至5亿美元之间的大额支出要求至少在结算日前提前两个工作日报告，而总额在5亿美元以上的大额支出，则要求至少提前五个工作日报告。上述收支报告的基本内容应包括以下信息：联邦机构及所在部门名称与地址、联系电话与联系人、账户信息、交易信息描述、支付金额及支付方式（转账或者支票）、收款人姓名和地址。

与大额支出报告制度相似，国防财务会计（Defense Finance and Accounting Service）中心主管必须提供美国军队及所有军队退休人员工资支出需求、国防军队采购支出需求信息，支付总额应至少提前两个工作日报告。一般来说，美国军队人员工资通常在每个月1日或者15日支付，如果碰到周末或者节假日，那么工资将在休息日前提前拨付。同样地，美国军队退休人员工资一般在每个月1日支付，如果碰到周末或者节假日，那么工资将在休息日前提前拨付。国防军事部门报告的信息包括：国防财务会计中心地址、部门代码、联系人和联系电话、当地美联储分支机构名称、支付类别、支付日期及支付明细、支付总额。[①]

除了规定超过一定额度的支出信息需要提前报告外，美国财政部也会要求某些特定的机构（如国防部）报告每天、每周或者每个月的支出活动，这些机构为此需要进行滚动预测，比如，提前三个工作日报告未来三天的支出估计，或者是对未来几周支出需求进行总量测算。财政部主要依据支出金额与支出波动幅度来选择需要报告的机构，财政部与机构财务部门通过定期沟通来掌握支出信息。

---

① The United States Department of the Treasury, Treasury Financial Manual, https://fmsq.treas.gov.

　　财政部不仅注重预测信息的收集，而且还关注预测机构的设置与职能划分。财政部专门成立了现金预测部（Cash Forecasting Division）、金融管理服务部（Financial Management Service）、财政预测办公室（Office of Fiscal Projections）等部门。现金预测部与金融管理服务部负责监控、预测和管理财政现金与国债余额，协调召开日常现金管理会议，发布每天的财政报告，维护并提高现金跟踪系统（Cash Track System）的稳定和效率。在此基础上，财政预测办公室则会同财政部办公厅根据联邦计划机构提供的长期收支计划和大额收支报告，提前预测未来9个月财政每天的收支情况，做出日常现金管理决定，并对财政筹资方式与时间提出建议等。

　　每个工作日上午9：00，财政部现金预测部、财政预测办公室、美联储公开市场操作部门、理事会（Board of Governors）通过电话会议讨论在当天国库库底现金目标余额下闲置国库现金转存商业银行或者从商业银行调入资金的决定，并且对实现下一工作日库底现金目标余额的现金操作提出建议。在召开会议之前几个相关部门通常需要进行事先沟通，首先，美联储在每天晚上9：00清算结束时需要向财政部门报告国库现金余额，同时于第二天6：30向财政部门报告昨天的真实交易情况。其次，Lockbox银行在每天8：15之前报告收入转为存款的数额。再次，大额支出报告在8：30再次确认，在8：45左右财政部门进行历史数据分析以及更新每天的预测报告，财政现金预测部门在8：50提出每天的投融资建议。最后就是每天的电话会议，最终确定当天的国库现金管理操作。事实上，每个工作日终了时国库账户现金余额的波动幅度可能非常大，但由于联邦机构必须申报大额存款和支出，国库账户的实际现金余额通常非常接近于目标余额。

　　财政实行未来现金流滚动预测，大约逐月修正一次。在现金跟踪制度下，预测人员采用200个时间序列分析政府每日收入与支出的历史数据，对具有重大影响作用的因素通常利用计量经济时间序列法以年度分析为基础分析其季节性或趋势性影响因素。国库现金预测所需要的长期信息包括各政府机构编制的未来9个月的月度用款计划、财政税收分析办公室的收入预测和总统预算管理办公室的经济预测。然后，国库现金预测结果提供给市场融资办公室（Office of Market Finance），市场融资办公室采用以短期融资为基础的融资模式对每日的现金预测结果进行分析，并将结果提交给融资小组的正式会议进行讨论。在每周的例会上，融资小组成员将当天的预测结果同上一周的预测和执行结果相比较，讨论可能影响现金流的其他因素。当天晚些时候，融资小组将宣布每周发行债券的具体数量以及可能做出必要的调整，下周可拍卖发行。

二　英国政府经验

英国与许多国家一样对每年的财政收支状况进行预测，实践中，虽然每日国库现金流的预测是独立完成的，但在一定程度上它仍将受到年度财政收支预测的约束。因此，英国的国库现金流预测由以下两个部分组成：一是预测年度财政收入支出和净财政盈余或赤字，并在此基础上测算政府年度净现金需求；二是预测财政年度内的月度和每日现金流水平（Williams Mike，2004；财政部国库司，2007）。

英国年度公共财政预测主要由财政部负责，其他相关政府部门协助完成，特别是国内收入局（Inland Revenue）、关税与消费税管理局（Customs and Excise）提供了详细、逐项的税收收入预测。通过自下而上的方式，财政部预测人员基于对政府总收入中每一个单独的税收和非税收入项目，以及政府总支出中每一个主要组成部分的预测，形成对政府赤字和借款的预测。然后，财政部通过与相关部门建立信息反馈机制，确保各部门的预测与财政部总预测保持一致。这里以税收收入为例来说明这一点：在预测初始阶段，财政部采用宏观经济模型对经济形成一个总体预测，接着财政部把经济变量的预测值（比如消费需求、工业利润、工资增长率等）发送给税收部门，税收部门将这些宏观经济变量预测值输入本部门的税收收入预测模型，从而得出详细的税收收入预测值，并将税收收入预测结果反馈给财政部，财政部利用税收反馈结果，结合预测模型对相关预测做进一步细化，然后将相关信息转给税收部门，税收部门据此做进一步的调整，如此循环反复，财政部与税收部门最终达到预测一致性。

对于具体预测方法的选择，英国财政部进行了深入的研究。在政府收入方面，英国财政部宏观经济预测模型中，公共收入模型部分有44个关系方程，包括20个外生变量，其中，税收方程大部分表示为税基与税率的乘积，税基通常以适当的收支变量作为工具变量。由于税收体系涉及大部分微观经济行为，不同税种的税基差异较大，因此英国财政部对税收收入进行适当分类分别预测。比如，收入税由四个行为方程组成，分别涉及工薪收入、自我雇佣收入、投资收入与其他个人应税收入。尽管英国财政部不断优化模型，将模型变量从 20 世纪 80 年代的 1000 多个降低到 20 世纪 90 年代的 350 多个，但总体思想仍然是通过不同的分类来预测不同的收入。然而，税收体系的复杂性导致某些方程预测准确性比较差，比如企业税就很难通过宏观经济模型预测，这主要是由于经济周期波动会影响企业的损益，企业可以根据具体损失计提相关的拨备，而这种行为将影响企业税基，因而经济波动将通过影响企业损益的渠道造成税收的不确定性，从而造成预测的偏误。对此，英国财政部采取"自上而下"的方式降低这些不确定性，比如，国内收入局将税收收入总量预测值转化为有效税率预测值，有效税率分解为财政自动稳定器效应、税收历史数据波动效应与误差扰动项，在此基础上，有效税率就可以通过对误差项与其他影响因素的分析来提高预测准确性。

在政府支出方面，英国政府也采用分类与综合的方法预测。由于专项支出往往在预算额度下执行，因而英国财政部专项支出预测通常根据用款计划来测算，但对于与社会保障支出等与经济周期相关的变量，测算则相对复杂。一方面，劳动社会保障部（Work and Pensions Department）结合部门的预算模型，采用财政部提供的失业预测及消费者物价指数测算社会保障支出，同时，财政部宏观经济模型也通过失业、通货膨胀及时间趋势变量预测社会保障支出需求，并将模型的误差项与劳动社会保障部预测结果进行校正，在此基础上，得出较为一致的支出预测。

一旦年度预测完成，当前财政年度的主要预测总值将被转化为相应的月度趋势，将每月的实际发生数与趋势值进行比较，有助于确定预测是否准确。财政部预测人员采取自下而上的方法进行收入预测时，通常是在收入部门的帮助下对主要税种的收入和非税收入的月度趋势进行预测，这种趋势预测考虑了常规的季节性变化因素。另一方面，关于支出预测则主要来源于支出部门的月度支出计划。财政部预测人员负责将月度预测转化为每日预测，并将预测结果送交债务管理办公室，供其进行现金管理市场操作。不过，每日的现金流预测仍会咨询相关税收和支出部门的意见，并根据实际的收入支出信息不断进行更新。由于国库现金支出流量预测的详细信息主要是从占政府支出总额超过 80% 的 15 个部门获取的，因此财政预测部门与这些政府部门之间建立了密切的日常信息沟通机制。财政部预测人员进行每日现金流预测时比较确定的收支项目主要包括：①一些时间和数额都能够提前准确获得的重要交易，例如到期的国债本息支付和中央政府对下级政府的定期转移支付；②一些数额尚未确定但时间可能提前准确获得的现金流，例如大宗资产拍卖收入，按规定必须提前咨询财政部并由财政部根据现金流状况确定拍卖日期；③一些具有显著月度收支特征的现金流，如量入为出计划（Pay As Your Earn）①，在该计划下雇主在每月大体同一时间报告雇员应缴所得税预测、社会保障项目下的政府支付等；④一些不能确定在哪一天发生，但能够确定在某几天或某个时段发生的现金收支，如大部分所得税收入和增值税收入等，虽然有时也会使用更加复杂的方式，但简单的大拇指规则经常会被使用（例如某种税收的季度性收入可以被分为 20% T−2，25% T−1，40% T，15% T+1），并根据实际情况进行修正；⑤在一些支出领域，可能没有更好的信息或经验可供使用，但其现金流在月度内相当平稳，通过与主要支出部门和税收部门进行定期沟通并更新，有利于提高其每日预测的准确性。

负责现金流预测的工作人员根据实际的现金流状况不断更新每日的预测信息，而且随着预测日的临近，现金流变动更加剧烈。特别是到预测日或预测日即将到来之前，直接来自政府部门和英格兰银行的不断更新的预测信息进一步增加。同时，各种大拇指规则的运用，例如到 14：00 有 60% 的收入缴入英格兰银行的政府账户，将有助于准确地预测当日英格兰银行的政府现金头寸。每日终了时，预测人员将国库现金流的预测情况与实际情况进行认真核对，并据其对未来几天的国库现金流进行修正。另外，在一个财政年度中，可能需要对政府整个财政年度的宏观经济预测及以后几年的预测进行调整，相应地，需要更新当年剩余时间的每月趋势预测和每日趋势预测，从而保证它们与整个财政年度的预测相一致。

英国财政部采取了多种措施以提高国库现金收支预测的准确性，主要包括：鼓励各政府部门按期缴纳大额款项；对国库现金收支的历史数据进

---

① 简称 PAYE，雇主被要求每月向国内收入局报告根据支付给雇员的工资预计缴纳的所得税数额，然后在税收年度结束后与雇员进行核对。

行回归分析和时间序列分析，寻找资金波动的规律性；与主要的政府部门签署协议，要求其提供每日的现金流预测并根据实际情况及时将更新的预测结果报送财政部。另外，英国财政部还建立了鼓励政府部门提供准确预测信息的激励机制，对提供预测信息较差的政府部门，财政部将在批复其下年度预算时相应扣减部分预算，具体扣减数额依据财政部因其提供的不准确预测信息而在金融市场上付出的额外操作成本得出，同时将这部分扣减的预算用于奖励提供准确预测的政府部门，相应增加其下年度预算支出。

第三节　发达市场经济国家财政国库最优库底现金及相关制度选择

一　美国联邦政府经验

美国政府是世界上最大的交易商，每天的收支平均在 200 亿美元以上。与其他经济主体一样，美国国库必须保持一定现金余额来预防未预见的支出与国库收支现金流预测值之间的差异。国库支出大部分是从联邦储备银行的账户支付的，但实际上所有国库收入在进入联邦银行之前都是放在商业银行。因此，国库库底现金余额是从商业银行流向联邦储备银行，国库现金支出后再流回商业银行。如果所有国库收入都及时进入联邦储备银行账户而且直到支出时才返回商业银行，那么国库现金的增加就相当于减少商业银行的储备资金，反之则会增加它们的资金。因此，将财政国库现金大部分放在联邦储备银行就要求采取经常性较大范围的公开市场操作，以此降低银行储备与联邦利率的非预期波动。更为有效的策略是，在联邦储备银行账户保留稳定的库底现金余额，而将大部分资金留在商业银行直到需要的时候才调入使用（Garbade et al.，2004）。

国库税收贷款项目（Treasury Tax and Loan Program，TT&L）的最初目标就是熨平在联邦储备银行的国库现金对商业银行储备的影响。同时，TT&L 项目作为财政管理系统的关键系统，还有两个与系统相关的额外目标：处理联邦税收收入与获取公共资金在私人机构的投资收入。这个项目成为联邦储备货币政策与国库现金管理之间的接口平台，对两个机构之间的长期合作及保持中央银行独立性提供很好的范例。最近美国在 TT&L 项目上又实行了很多创新。

（1）账户制度安排

理解 TT&L 项目的重点是理解私人存款机构在当中扮演的角色。私人存款机构可以参与以下三种角色：收入机构（Collector Institution）、保留机构（Retainer Institution）与投资机构（Investor Institution）。

收入机构作为税收收入导管（Conduits），从市场主体接受税收缴纳（主要是个人所得税、公司收入所得税与社会保障收入），这些收入通过它们的申报窗口电子表单将支付款转到所在地联邦储备银行的国库账户。

保留机构也接受税收的缴纳，但是受到机构余额上限与质押品价值的约束。它们将上缴税款保留在主要账户（Main Account）直到国库要求调入为止。如果主账户资金余额超过保留机构所能接受的国库现金存款数量的上限或者超过保留机构质押品价值，那么超额部分将直接转入所在地的联邦储备银行的国库账户。财政部会发布保留机构主要账户上资金的利率情况，一般是每周联邦基金隔夜拆借利率平均值减去 25 个基点。

投资机构不仅可以从事保留机构可以从事的任何业务，而且还可以接受财政部的投资资金（财政部将超过联邦储备银行国库账户库底现金目标余额的资金交由这些机构投资）。投资机构可以选择一天公告方式（One-day Notice），这种情况主要是通过一天的公告告知接下来一天或者未来的投资计划。另一种方式是选择当天投资公告（Same-day Notice），这种投资方式是当天开始投资或者未来投资的计划发布。转入投资机构主要账户的直接投资利率为隔夜拆借利率周平均值减去 25 个基点。

大量存款机构参加了 TT&L 项目。截至 2003 年年底，有 11758 个收入机构、949 个保留机构和 162 个投资机构加入项目。在 2003 年，项目参与者处理 1.58 万亿美元税收收入，财政国库保持在保留机构与投资机构的主要账户日平均余额为 89 亿美元。

（2）国库现金调入

收入机构直接将税收转入美联储国库账户，而保留机构与投资机构则将收入保留在它们的主要账户，直到财政国库发出调入资金通知。保留机构与投资机构分成三类——A、B 与 C，与调入方式相对应。

最小的机构就是那些每年处理税收收入不超过 1000 万美元的机构，这类机构指定为 A 类。这类机构的资金调入通常至少提前五个工作日通知；而每年处理税收收入在 1000 万至 1 亿美元之间，同时也包括超过 1 亿美元但存款负债小于 1 亿美元的机构被划分为 B 类。这些机构的调入资金公告通常提前三天。上述两类机构的资金调入公告通常在周五发出，一个月公告两到三次，通常每次调入资金占主要账户余额的 50% 或者 100%。

大存款机构，即那些每年处理税收收入超过 1 亿美元并且存款负债超过 1 亿美元的机构被划分为 C 类。该类机构的调入通常是当天，机构收到当天调入或者隔天调入资金的公告。

截至 2003 年，存款机构有 461 个是 A 类，472 个是 B 类，178 个是 C 类。A 类每天平均拥有 0.74 亿美元，B 类平均每天拥有 2.9 亿美元，C 类平均每天拥有 85.4 亿美元。

（3）保持稳定的库底现金余额

截至目前，财政国库主要目标是在税收高峰时（1 月、4 月、6 月与 9 月的下旬与 3 月、12 月的中旬）联邦储备银行国库账户保持 70 亿美元左右的库底现金余额（主要原因可能是此时库款太多，商业银行质押品不够），而在平时保留 50 亿美元左右，尽管美国国库库底现金目标余额在近年来发生几次变动，但总体上保持在 50 亿 ~ 70 亿美元（见表 3-1）。国库现金管理的资金调入与投资的灵活操作促使财政部能够将国库库底现金余额保持在上述目标。

表 3-1 1988 年以来美国国库库底现金目标余额变化

时间	目标余额变化
1988 年 10 月 11 日	从 30 亿美元提高到 50 亿美元
1992 年 4 月	在 12 月与次年 3 月公司税截止日期后的时间里，每天的国库库底现金目标余额从 50 亿美元提高到 70 亿美元 在 1 月、4 月、6 月及 9 月主要税收截止日期到月末，每天的国库库底现金目标余额从 50 亿美元提高到 70 亿美元
2004 年 9 月	即使在主要税收截止日期，国库库底现金目标余额仍然维持在 50 亿美元不变
2006 年 9 月	在主要税收截止日期，国库库底现金目标余额从 50 亿美元提高到 70 亿美元

资料来源：GAO，*Treasury Has Improved Short-Term Investment Programs*，*but Should Broaden Investments to Reduce Risks and Increase Return*，DIANE Publishing，2007。

在每个工作日 9：00 之前，财政国库现金管理人员与美联储相关人员预测当天税收收入与其他收入，同时也估计当天的支出。这种预测是通过前一天联邦储备银行国库账户日终国库现金余额、国债还本付息、新发行国债的收入、保留机构与投资机构准备调入资金数量，以及前天计划的直接投资数量综合估计当天日终联邦储备银行的国库现金余额，在此基础上，财政部与联邦储备银行每天 9：00 举行电话会议确定当天的国库现金管理操作策略。大多数情况下，平均的日终余额都是基于两者的平均值进行测算。如果平均预计的现金余额超过目标余额，那么国库就将多余现金转入具有闲置质押品和没有达到国库现金存款上限的存款机构获取投资收益。

如果平均预计的日终余额低于目标余额，那么国库就通过当天调入公告调入资金以保持美联储国库账户库底现金余额的稳定。由于预测总是有些误差，这种误差直接影响了储备银行的国库账户库底现金，进而影响商业银行的储备，从而仍然可能对公开市场造成一定的影响。

（4）质押品

保留机构或者投资机构通常需要对主要账户进行质押。国库接受的质押品很广，从国债、商业贷款、农业贷款，甚至到学生贷款等，但它对那些流动性较低、信用等级较低的资产与市场价格容易变化的资产做出较低的估值。不管怎样，质押品必须得到财政国库的认可。1982 年，国库在 TT&L 项目中增加了特别直接投资工具（Special Direct Investment，SDI），以此允许存款机构在国库现金余额非常高的时候采取其他类型的质押品，SDI 主要的特征是 SDI 余额可以通过学生贷款、商业贷款等质押品提供安全保证。在 2003 年之后，SDI 投资方式逐步被期限投资期权替代。

尽管采取 SDI 质押创新方式，但国库现金余额有时非常高并且超过了存款机构可以吸收的存款总数，比如个人所得税与公司所得税在 2000 年 4 月下旬与 5 月上旬集中上缴，导致保留机构与投资机构无法吸收这么多的财政资金存款，从而导致过多资金进入储备银行的国库账户，导致国库库底现金余额波动较大。

（5）国库现金管理创新

信息技术的发展为美国国库现金管理提供了新的机会和手段，促使税收征收成本更低，财政存款利息更接近市场存款水平。

首先是税收收入创新。联邦电子税收支付系统是税收征收的技术创新，降低了税收征收成本，增加了国库现金转存商业银行获得的平均回报，同时也促使联邦国库账户余额更为准确地保持在目标水平。国库现在使用两种机制征税：EFTPS（The Electronic Federal Tax Payment System）与PATAX（Paper Tax System）。为了了解 EFTPS 如何实现 TT&L 项目，首先需要了解 PATAX 是如何运作的。

在 PATAX 的税收征收机制下，商业机构将联邦税收存款凭证与缴纳的税收一起交到其对应的存款机构，这些存款机构收到后就将其记入国库无息税收征收账户（存款机构必须保证存款具有相应充足的质押品），接下来这些累积的账户资金根据存款机构的性质转入联邦储备银行国库账户或者转入存款机构的主要账户开始计付利息。

在 EFTPS 税收征收机制下，登记注册的用户可以通过电话或者计算机授权税收支付——在未来某个时间在特定成员存款机构特定的存款账户自动转账。到支付日期，资金通过自动清算中心（ACH）自动转入联邦储备银行的国库账户。如果成员存款机构是保留机构或者投资机构同时具有足够的质押品和接收国库现金存款的空间，那么税收支付就会自动转到这些机构的主要账户。EFTPS 首次使用是在 1996 年秋季，当时只要求税收大户采取这种方式，但后来只要年总纳税额超过 20 万美元的单位就被强制要求通过这个系统缴纳税收。在 2003 财年，通过这个系统征收的收入达到15000 亿美元，远远超过当年 TPS 的 760 亿美元。

这种电子支付方式替代了纸质支付，导致 TT&L 项目出现了三个重大的改进。第一，降低了无利息的隔夜税收收入账户的资金数量，从而增加了总收益。第二，电子化替代纸张降低了处理成本。第三，收入实现了全部电子化，从而使国库与联邦储备国库机构具有更完整的数据信息来预测现金流，提高了预测准确性。预测准确度的提高使财政部对国库现金目标余额实现了更好的控制。日终国库现金余额平均预测绝对误差从 20 世纪90 年代的 6 亿美元降到最近的 4 亿美元（预测误差没有完全消除的主要原因在于预测人员仍然要对收支中的很多项目做估计）。

其次是稳定国库库底现金的制度创新。在 2000 年 7 月，国库与联邦储备银行实行了国库投资项目（Treasury Investment Program，TIP），这个项目把原来由各联邦储备银行分支机构分散化处理的工作集中起来。这些集中的功能主要是跟踪主要账户和 SDI 账户余额、监控质押品以及国库现金的投资或者调入等。

TIP 首次允许国库现金管理人员实时监控转入各联邦储备银行账户的资金，从而降低预测误差。引入了 EFTPS 系统后，转入联邦储备国库账户的税收相关资金来源分为四个最主要的方面：①通过 ACH（即 EFTPS）从收入机构转入；②通过 Lockbox 工具（密码箱）转入；③通过收入机构由 PATAX 系统转入；④从保留机构或者投资机构转入的资金。在任何一天，从第一类型的资金转入与第二种类型的大部分资金转入都可以在上午 9：00（国库与联储）开会之前知道，从而可以较好地决定是否调入资金或者投资多余资金，然而，第三、第四类的资金转入就必须依赖于预测。如果第三、第四类转入太多资金，那么就会影响目标余额，从而影响商业银行的储备水平。

但 TIP 可以通过动态投资工具（Dynamic Investment Facility）将上述第三、第四类预测误差引起的多余资金及时转入商业银行，从而熨平误差引起的影响。举例来说，国库现金管理人员通过动态投资工具决定当天平滑国库库底现金变动而转入商业银行的资金，国库现金管理人员每天设定一个国库库底现金目标水平，比如 5 亿美元，那么超过这个数量的资金将转入商业银行；如果预测当天国库现金为 8 亿美元而且实际的资金变动与预测相同，那么 3 亿美元就会通过动态投资工具转入私人存款机构；如果真实值异常大，那么额外资金就会进一步转移到私人存款机构，比如，国库现金余额超过预测值 9.5 亿美元，那么就有 4.5 亿美元转入私人存款机构，包括上面所说的 3 亿美元，还包括额外未预计的 1.5 亿美元，这种转移大规模未预计的国库现金变动的方式抵消了由此可能引起的商业银行储备变动。通过这种方式，动态投资熨平了异常现金波动导致的银行系统的储备波动。相反地，如果真实国库现金余额异常小（相比预期而言），那么通过动态投资工具转移到私人存款机构的现金就会相应地下降，比如真实收入为 5.5 亿美元而不是 4.5 亿美元，那么就只有 5000 万美元发生转移。

二　欧盟国家经验

在英国，每个工作日终了，通过中央政府在英格兰银行的账户网络，所有的政府资金全部经国家贷款基金账户转入债务管理账户。一方面，这意味着除债务管理账户外，其他的政府资金账户都保持零余额；另一方面，债务管理办公室必须实时监控国家贷款基金账户的现金流入和流出，并通过市场借入或贷出平衡国家贷款基金账户的赤字或盈余。为此，债务管理办公室需要在其账户中保留一定额度的现金，以应对政府日常性现金需求的最新变化。实践中，债务管理账户的日终现金余额维持在 2 亿英镑左右。

债务管理办公室根据财政部提供的每日国库现金流预测，主要采取发行短期债券和货币市场操作方式管理现金流波动。就发行短期债券这一方式而言，债务管理办公室在净现金流入月份减少债券发行量，在净现金流出月份增加债券发行量。短期债券发行总量随着现金需求的变化而变化，主要体现在一个月短期债券的发行量变化上，三个月短期债券发行量保持在一个相对稳定的额度上。当出现临时性的资金需求时，债务管理办公室也会发行期限低于 28 天的短期国债。但这类短期债券发行通常是不定期的，主要是作为应付国库现金临时性头寸不足的补充手段。此外，在财政部与英格兰银行间也有协议，债务管理办公室可根据中央银行资金管理的需要发行短期国债。例如，中央银行认为金融体系流动性过高时，可要求在债务管理办公室原定发行债券数额的基础上再增发一定数额的短期国债；增发国债所筹得的资金全部存入中央银行专项账户，中央银行按发行条件向债务管理办公室支付利息。

除发行短期债券外，债务管理办公室还通过使用货币市场上安全性较高的金融工具向众多的市场成员借入或贷出资金，以大致平衡政府的现金流波动。债务管理办公室采取的策略主要包括：①当出现现金盈余时，将盈余现金投资于货币市场，其期限长短取决于现金流出的预期；②如果能够预测未来一段时期内总的赤字或盈余情况，债务管理办公室可以在当天既借入资金又贷出资金，借入资金或贷出资金的期限分别取决于未来现金流入或流出的预期；③在利率有利的情况下，债务管理办公室可以采用远期回购的方式提前借入或贷出资金，以获取更大收益。此外，每天预测到的国库现金流波动情况，可以通过当天开展的短期贷款或借款（通常是隔夜投资）予以精确调整。

为保证投资安全，债务管理办公室的货币市场投资仅限于高信用等级的证券。为融通资金进行的回购和逆回购操作是债务管理办公室最主要的交易方式，其品种主要包括中长期国债、短期国债、英国政府发行的外币债券、高信用等级的商业银行债券、高信用等级的跨国公司英镑或欧元票据、高信用等级的欧洲政府的欧元债券等，期限通常不超过 6 个月。当国库现金余额较大、期限较长时，债券管理办公室还可以买回国债，但为了避免对国债发行市场的影响，买回国债的到期日均低于 6 个月。债务管理局也可与部分资信等级高的商业银行进行信用拆借，但财政部对拆借总额加以控制，债务管理局在总额限度内对各家商业银行也有额度限制。

债务管理办公室的一个重要原则，就是在不影响市场短期利率水平的前提下管理现金流入与流出。在货币市场的双边交易活动中，债务管理办公室是市场价格的维护者，它发行短期债券的目的是为了以最低成本平衡政府现金流。这也就意味着，债务管理办公室利用市场寻求以最低成本熨平政府现金流波动，而不以营利为目的，不凭借自身的优势影响市场利率水平。债务管理办公室同金融市场上其他交易成员一样，根据市场变化以及对成本和风险的权衡进行决策和行动。

偶尔，一些预料不到的大额度的现金流出与流入在工作日结束时出现，这就使得债务管理办公室来不及通过双边市场操作熨平其影响。这时，债务管理办公室需要同英格兰银行以及几个主要的商业银行协作来解决这一问题，消除对市场的不利影响。如果预期一个工作日结束时会出现现金盈余，这些盈余资金可以纳入英格兰银行的最新贷款范围；如果预期一个工作日结束时出现现金赤字，可根据英格兰银行同债务管理办公室特别签署的协议从规定的商业银行中借入资金。另外，在极其罕见的情况下，还可能出现更加难以预料的情况，以上方法都无法解决时，债务管理办公室可以提取存放在英格兰银行的 2 亿英镑现金余额，但在实践中尚未出现此种情况。

与英国和美国国库库底现金余额存在较大差异一样，欧元区国家的国库库底现金目标余额差异也很大。欧洲中央银行对此高度关注，因为单个政府国库库底现金余额大规模变化会影响欧洲中央银行资产负债表。事实上，在总量水平上，欧元区政府国库现金存款余额是中央银行资产负债表波动最大的影响因素，然而，这个与中央银行资产负债表相关的项目既与货币政策操作无关，也与商业银行在中央银行账户的储备资金无关。在2001 年，政府国库现金存款变化最大的是意大利，其次是西班牙、法国、希腊与爱尔兰。然而，波动大并非就意味着会对市场产生较大影响，因为预测到的波动可以提前采取对冲手段，主要是未预期波动将会产生较大影响。

澳大利亚、比利时、芬兰、德国、卢森堡、荷兰、葡萄牙等国在中央银行的政府国库现金存款余额变化很小或者接近于0。比如，比利时与荷兰已经将中央银行的国库现金存款余额保持在0～5000万欧元，实际操作过程中差不多保持在中间值，因而由此造成的影响可以忽略不计。在爱尔兰，政府基本上做到将中央银行的国库库底现金存款稳定在目标值，这样政府国库库底现金波动的影响就相对较低。

欧元区各国国库现金波动较大的国家都在采取措施对其予以稳定，法国政府在法国中央银行的国库现金存款余额波动在2001年达到3亿～15亿欧元，但近年来这种状况已经有很大改善，在2002年5月以后稳定在2亿欧元以下，2002年9月以后国库库底现金余额控制在1亿欧元左右。西班牙的国库库底现金目标余额也下降到3亿欧元，未来很可能继续下降。

欧元区国家通过一些政策手段保持国库库底现金余额目标的稳定。法国与荷兰在年初就对未来12个月每天现金流进行预测，相关预测值根据实际情况进行周期性调整，进而依据现金流预测值实施国库现金管理操作以保持库底现金的稳定。尽管其他国家现金流预测的时间跨度存在差异，但通过现金流预测稳定库底现金的做法却大体相似。现金流预测结果通常显示出季节性波动，这种波动通常通过发行国库现金管理券或者向货币市场投资的做法来熨平库底现金余额波动。尽管上述操作具有共同性，但也存在一些差异，比如，意大利等几个欧元区国家通过国库现金管理券以熨平库底现金余额波动。但一些国家如澳大利亚、葡萄牙与爱尔兰等国，它们曾经使用商业票据而不是国债，商业票据的拍卖要求企业在市场风险与操作责任上予以保证，这些国家现在面临一个问题，即维持一个高效的债券市场的成本是否会小于其带来的收益，因而财政部门需要权衡灵活国库现金管理的债券市场及由此带来的制度成本。

此外，对于采用更长期的融资策略还是每天决定短期融资，不同国家具有明显的差异。比如法国，法国债务办公室往往比预测需要筹集的资金发行更多的债券，从平均意义上说，这意味着每天必须决定的是如何将闲置国库现金投向市场而不是向市场借款。这种超额借款方式往往具有更多的成本，因为买卖之间具有利差，但法国债券办公室认为这种成本很小，因为它们认为这样做可以带来间接收益，即降低现金不足的风险。西班牙与法国一样通过发行长期国债来平滑短期借款需求，而且它比法国更偏好于长期国债，然而，西班牙国库每个月进行预期现金余额拍卖，也就是说，通过隔夜逆回购进行以政府债券作质押的投资。这种方法更为规避风险，利率通常小于欧元隔夜指数利率。

欧元区各国政府通过与中央银行达成协议以获取财政国库库底现金余额的利息。如果库底现金余额控制在目标额度之内，那么欧洲中央银行将给予边际利率补偿，这个利率是商业银行因资金短缺而向欧洲中央银行借款的两周期限的利率，通常高于欧洲中央银行公开市场操作利率1个百分点以上。在比利时与荷兰，国库库底现金余额超过5000万欧元的目标额度部分没有利息收益；在法国，这个额度是3亿欧元，如果超过这个额度那么国库库底现金利息就会大幅度降低。如果缺乏激励约束机制，那么可能促使国库库底现金余额管理产生低效率现象。比如，意大利中央银行对所有的国库库底现金余额支付的利率接近市场水平，政府国库库底现金余额没有上限限制，由此导致了意大利国库库底现金余额波动幅度较大的问题。

第四章

中国财政国库现金流收入
分析：以中央国库为例

国库现金流收入与财政预算收入息息相关，而财政预算收入不仅有税收收入，还有基金收入、国债收入及非税收入等，而且税收收入还细分为国内增值税、消费税、企业所得税、个人所得税等多种税收，经济季节性、周期性波动容易引起税收发生相应变动，而宏观财政政策的转变则影响债务收入及非税收入，这些都决定了国库现金流的复杂性，为此，本章主要探讨财政预算收入的总量变化及结构特征，以此反映国库收入流的变化因素，在此基础上，对国库现金收入流预测进行相关分析。①

第一节　中央财政国库现金流收入初步
考察：收入流总体情况

国务院于 2005 年年底正式批准财政部政府收支分类改革方案，为保证数据口径的一致性，后续经验以 2005 年以后的数据为主，并在此基础上结合数据细化程度，采用特定时间段进行结构分析。根据国库现金的定义，

---

① 由于保密性要求，目前中国各省市并未公布各项收入的日度、月度或者季度综合信息，所以本书使用的数据来自财政部调研所得，并且考虑到财政数据的安全、保密等问题，目前能用于出版的日度、月度和季度数据仅限于 2008 年及以前，因此，除了年度数据及其他特殊说明以外，本书绘制图表所用的短期数据均截至 2008 年年底。

国库现金收入流就是财政预算内资金收入。从总量上看，国库现金收入流总体呈现明显的波动性，但出现大起大落现象的不多，在 2007 年 8 月 29 日与 12 月 21 日现金收入分别达到 6959.1 亿元和 9233 亿元，这主要是由于中央发行 15000 亿元特别国债系列基金收入引起了基金收入的大幅度上升，8 月 29 日基金收入达到 6000.5 亿元，而同年 12 月 11 日更是达到了 7503 亿元①，这明显高于其他收入以及其他时期的基金收入，导致预算内资金收入在这两天出现明显的偏离。

　　由于 2007 年 8 月 29 日与 12 月 21 日这两天的样本具有特殊的原因，不具代表性，为了更好地揭示国库现金流收入的总体特征，这里去除这两个特殊样本，如图 4 - 1 所示，国库现金流收入随时间上下波动，波动幅度及波动方向更加清晰，但没有明显的趋势及单一的波动特征，从统计上看，国库现金流收入平均每天为 156.8 亿元，但每天与均值的绝对误差达到 129.6 亿元，表明国库现金流收入总体上并不平稳，而且偏差也比较大，这就给总量分析带来复杂性，需要进一步从收入流结构角度进行分析。

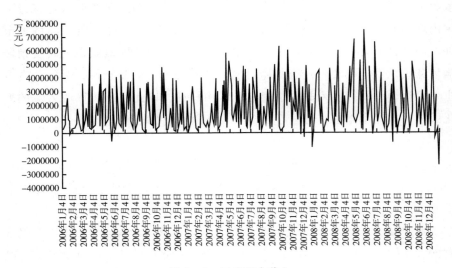

图 4 -1　国库现金收入

---

① 后续章节涉及的相关讨论都将特别国债引起的收支变化剔除，这是一次性因素，从而使数据口径更为一致。

　　从税收收入日度数据来看，尽管税收收入波动幅度也存在较大差异，不同时间的税收收入总额虽然不一样，但每个月税收收入波动特征却表现出一定的共性，从图 4-2 的税收收入日度走势可以看出，每个月税收都存在一

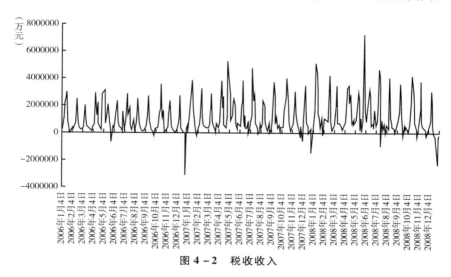

图 4-2　税收收入

个高点，这个时点发生在每个月的中旬，而上旬与下旬都出现税收急剧下降的现象。从税收结构来看，与税收总额特征相似的税收有国内增值税、国内消费税和个人所得税（见图 4-3、图 4-4 及图 4-5）。然而，海关

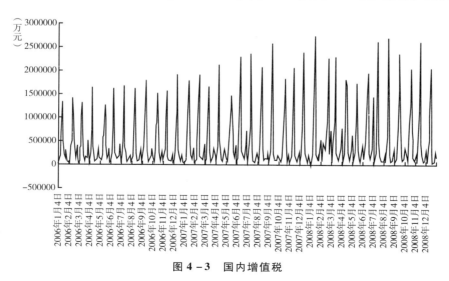

图 4-3　国内增值税

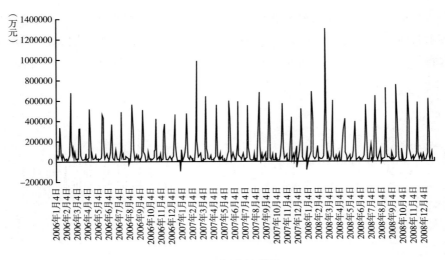

图 4 - 4　国内消费税

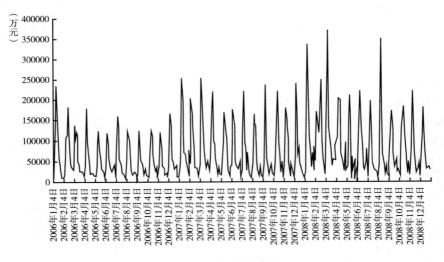

图 4 - 5　个人所得税

代征增值税和消费税尽管也具有月度特征，但其税收高峰是集中在下旬，而中旬、上旬税收收入都处于低位（见图 4 - 6）。企业所得税则表现出一定的季度特征，在每年每个季度的第一个月即 1 月、4 月、7 月和 10 月企业所得税出现收入高峰（见图 4 - 7），这可能与企业所得税按季预缴的制度相关，因而在年底时企业所得税税收往往出现较多退库。作为税收收入的重要分类出口退税，尽管与不同时期退税政策息息相关，但出口退税总体上也表现出一定的特征，每个月月底属于退税高峰，而上旬与中旬退税数量处于较低水平（见图4-8）。

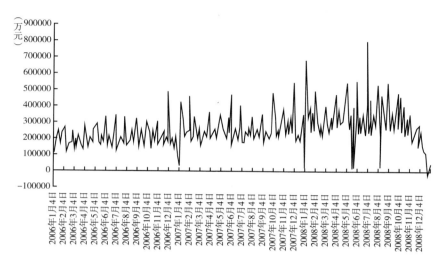

图 4-6　海关代征增值税和消费税

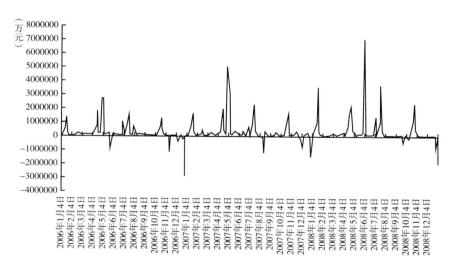

图 4-7　企业所得税

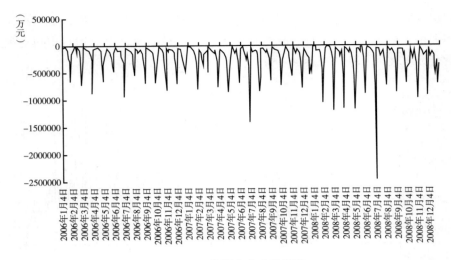

图 4 - 8　外贸企业出口退税

与税收收入具有较明显的波动特征相比，政府性基金收入、行政事业性收费等其他收入与债务收入却没有明显的趋势特征（见图 4 - 9、图 4 - 10、图 4 - 11），波动幅度也出现较大差异，由于国库现金流收入不仅由税收收入组成，而且包含政府性基金收入、债务收入及其他收入，因而政府性基金收入、债务收入及其他收入波动的无序性可能是国库现金流缺乏明显特征的重要原因。

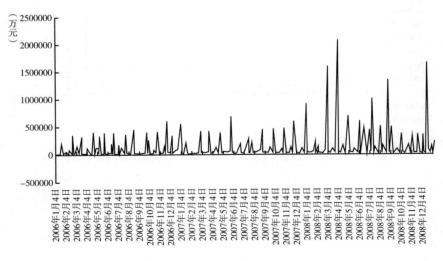

图 4 - 9　政府性基金收入

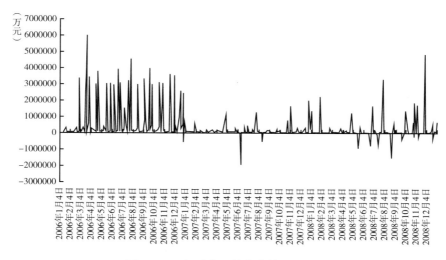

图 4 - 10　行政事业性收费等其他收入

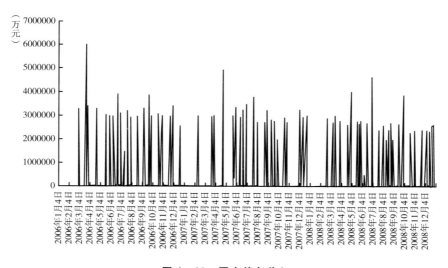

图 4 - 11　国内债务收入

考虑到以每天国库现金流收入为基础可能导致各月存在差异而不可比，例如，有些现金流具有周模式（Day-of-week），有些具有月模式（Day-of-month），周模式与月模式的组合有 28 种，即除了 2 月外每个月有 31 天和 30 天两种，而每个月的第一天从星期一变化到星期天共有七种，再加上 2 月也有两种：28 天与 29 天，从而总共可以组成 28 种周模式与月模式的组合。为了更好地把握国库现金收入流特征，这里对基础数据进行整理，以旬为单位来考察国库现金收入流的特征。从图 4 - 12 与图 4 - 13 可以看出，以旬为单位的数据走势特征比较突出，特别是税收收入表现出较明显的周期性波动。

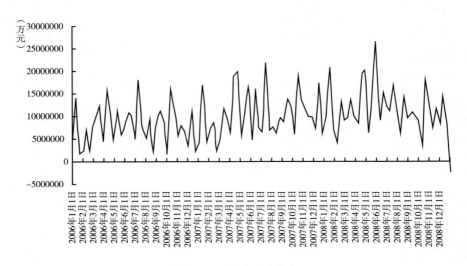

图 4 - 12　国库现金收入

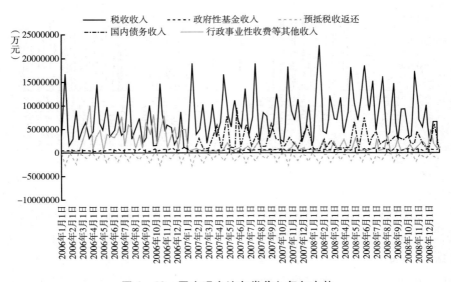

图 4 - 13　国库现金流各类收入每旬走势

一　税收收入

为了更好地分析税收的特征，图 4-14 给出了税收收入随时间变化的走势，尽管税收各期波动幅度并不一致，但税收收入表现出一些显著的特性：税收在中旬纳税最大、下旬纳税最少、上旬基本上保持稳定。考察税收的重要税种国内增值税与消费税、营业税、个人所得税、企业所得税发现（见图 4-15、图 4-16、图 4-18、图 4-20、图 4-21），这些税收也表现出同样的特征，即中旬纳税最大、下旬纳税最少。然而，进一步考察发现，海关代征增值税和消费税却表现出不同的特征，即下旬最多，而上旬与中旬最少（见图 4-17），关税则没有稳定的特征（见图 4-19）。此外，统计分析发现，企业所得税还具有另外一个重要规律：企业所得税集中在 1 月、4 月、7 月、10 月收缴（见图 4-21），这种特征可能与我国税收征收办法密切相关，我国税收征收往往要求企业所得税季度预缴，从而导致每个季度第一个月税收较多，而且纳税还集中在中旬，这些特征都决定了国库现金流收入的变化，当然并不必然导致国库现金流具有同样的特性，因为税收收入变化特征可能会被其他收入变化所抵消或者平滑。

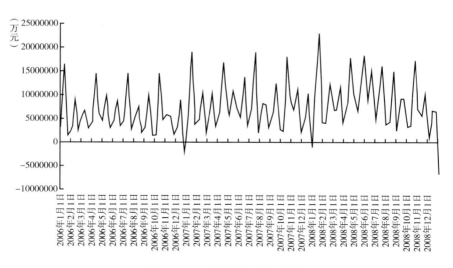

图 4-14　税收收入每旬走势

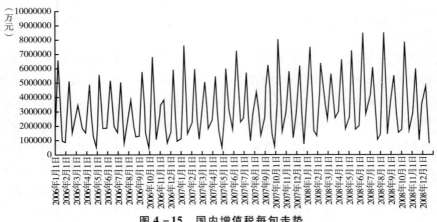

图 4 – 15　国内增值税每旬走势

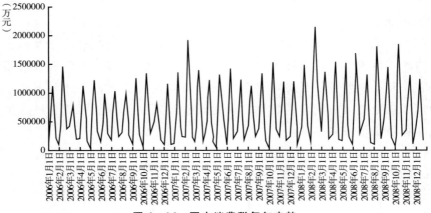

图 4 – 16　国内消费税每旬走势

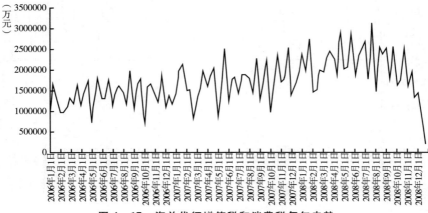

图 4 – 17　海关代征增值税和消费税每旬走势

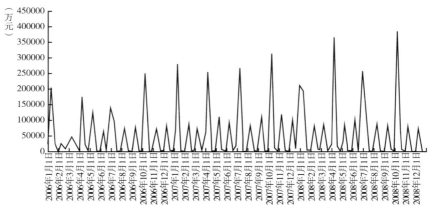

图 4 - 18　营业税每旬走势

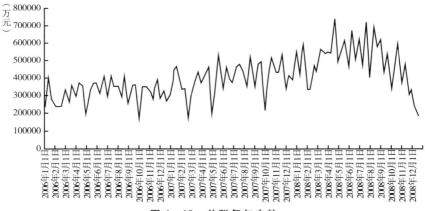

图 4 - 19　关税每旬走势

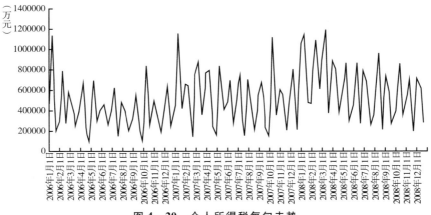

图 4 - 20　个人所得税每旬走势

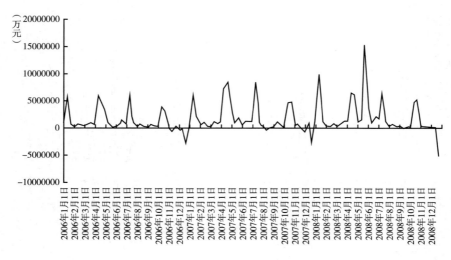

图 4-21　企业所得税每旬走势

二　非税收入

根据非税收入的定义，这里以未进行税收返还的预算资金收入－国债收入－基金收入－税收收入计算得出。从图 4-22 可以看出，非税收入波动幅度比较大，特别是 2007 年上半年一直处于低位，而后又呈现较高的波动，

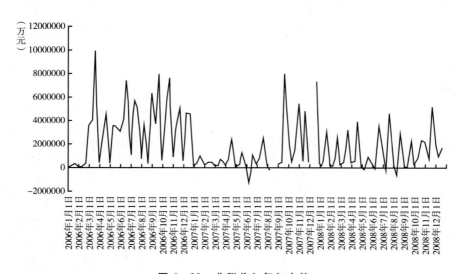

图 4-22　非税收入每旬走势

非税收入变化较大的原因可能是这几年我国一直稳步推进非税收入改革，特别是规范行政事业性收费、预算外资金管理制度改革等引起非税收入来源变化。然而，尽管非税收入波动特征存在显著差异，但仍然具有内在的规律：总体来说，非税收入在中旬收入最大、下旬收入最少、上旬基本保持稳定。

三　国债收入

国债作为财政收入的重要来源，与税收收入、非税收入存在较大差异的是，国债收入只是未来资本在当期的贴现，国债在未来必须偿还，因而国债不受经济内生的约束，而是与财政政策息息相关，财政部门会根据不同的经济形势发行不同的国债，以决定对经济的刺激力度，这导致国债波动的力量可能更多来自外生冲击，而且国债往往通过发行新债还本付息，从而国债发行可能与国债期限息息相关（陈建奇、张原，2013）。从图 4 - 23 可以看出，国债发行与国债兑付存在极大的相关性，国债兑付支出增加的时候，国债发行规模也往往较大，因而在预测未来国库现金流收入时，必须更多地分析国债的期限结构。

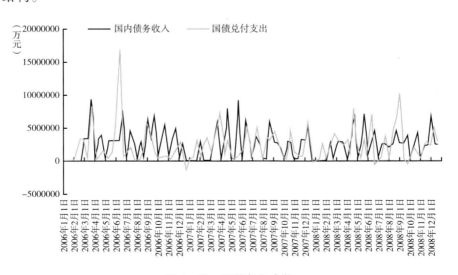

图 4 - 23　国债每旬走势

四 政府性基金收入

与其他收入相比，政府性基金收入总量较小，从每旬总量收入走势来看（见图 4 - 24），每旬的政府性基金收入大部分时间内在 100 亿元以下。从波动特征来看，政府性基金收入尽管波动也比较频繁，但从 2007 年以来也出现一些规律，即整体上呈现上旬收入最小、中旬次之、下旬最大的特征，这种特征与某些税收的特征相似，可见政府性基金收入在旬的走势上相比日度走势更有规律可言。但 2008 年以来，政府性基金收入的波动幅度明显高于前两年，这种特性或许与近年来我国基金方面的改革相关，但同时也预示着未来政府性基金收入的规律性可能受到影响。因而在预测未来国库现金流收入时，必须注重这种变化。

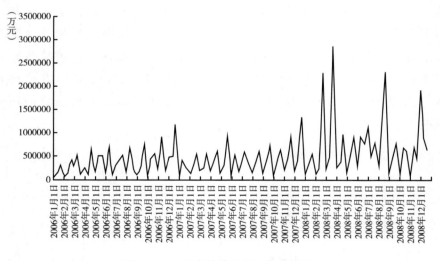

图 4 - 24 政府性基金收入每旬走势

第二节 中央财政国库现金流收入可预测性分析

由于国库现金流收入影响因素多种多样，涉及收入来源比较复杂，国库现金流收入预测方法的选择就只能依赖于历史数据的特性，基于各影响因素的预测必须建立在其他各种收入预测的基础上才能实现，因而，根据数据可得性与前面文献综述，这里预测方法主要采用 Box-Jenkins 方法，并综合利用结构预测方程。

Box-Jenkins 方法是美国威斯康星大学的鲍克思（Box）和詹金斯（Jenkins）提出的随机型时间序列预测方法。这种方法与传统的趋势模型外推预测法（简称传统法）相比，具有独特的优点。传统法只适合于具有某种典型趋势特征变化的社会经济现象的预测。然而在现实中，许多社会经济现象的时间序列资料并不总是具有这种典型趋势特征。这使得传统法所建模型产生的误差项不一定完全是具有随机性质的，从而影响了预测效果。特别是当时间序列资料存在序列相关和周期波动时，其趋势模型的预测能力将大大减弱。Box-Jenkins 法往往能提供比传统法更多的信息，理论上也比较完善。这种方法在选择模型时，不必事先确定时间序列的典型特征，只需事先假设一个可能适用的模式，然后反复识别改进，以求得一个较满意的模型。另外，Box-Jenkins 法可以对误差项不断分解，充分利用有关信息，直至误差项只受随机因素的影响，从而提高预测效果，下面阐述一下 Box-Jenkins 原理（见图 4－25）。

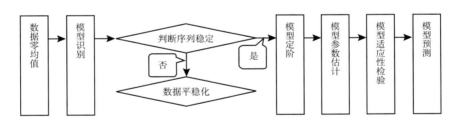

图 4－25　Box-Jenkins 模型预测步骤

考虑 $\{X_t\}$ 为时间序列样本数据，Box-Jenkins 假设 $\{X_t\}$ 为非平稳时间序列且可以通过有限次差分后变成稳定时间序列，不妨设通过 d 阶整后 $\{X_t\}$ 达到平稳：

$$w_t = (1 - B)^d X_t \tag{1}$$

这里 B 表示时间序列的滞后算子，即 $B^j = X_{t-j}$；进一步假定 w_t 可以写成固定自回归移动平均方程：

$$(1 - \varphi_1 B - \varphi_2 B^2 - \cdots - \varphi_p B^p) w_t = (1 - \theta_1 B - \theta_2 B^2 - \cdots - \theta_q B^q) \varepsilon_t \tag{2}$$

这里 ε_t 表示独立随机序列而且零均值同方差，即 ε_t 为白噪声。为简单起见，方程（2）一般写成：

$$\varphi_p(B)w_t = \theta_q(B)\varepsilon_t \tag{3}$$

由方程（1）和（3）可以组合成最基本的非季节性 Box-Jenkins 模型：

$$\varphi_p(B)(1-B)^d X_t = \theta_q(B)\varepsilon_t \tag{4}$$

方程（4）被称为阶数 (p,d,q) 的求和自回归移动平均方程，以 $ARIMA(p,d,q)$ 表示，$ARIMA(p,d,q)$ 模型要求多项式方程（5）和（6）中 B 的根在复平面的单位圆外，方程（5）主要是确保 w_t 的平稳性，而方程（6）则主要用于保证表示方法的唯一性，Box-Jenkins 称这个唯一性条件为"可逆性条件"。

$$\varphi_p(B) = 0 \tag{5}$$

$$\theta_q(B) = 0 \tag{6}$$

关于周期为 s 的季节时间序列，Box-Jenkins 提出了一种可供选择的特殊模型：

$$\varphi_p(B)\Phi_P(B^s)(1-B^s)^D(1-B)^d X_t = \theta_q(B)\Theta_Q(B^s)\varepsilon_t \tag{7}$$

其中 ε_t 为白噪声，这类模型的阶为 $(p,d,q)\times(P,D,Q)$，有时也被称为 $(p,d,q)\times(P,D,Q)_s$ 季节模型。

Box-Jenkins 通过三阶段循环的方法拟合模型（4）或者（7），第一阶段模型识别，具体地说就是选择方程（1）和（2）的 p,d,q；第二步是利用回归技术估计系数 $\varphi_1,\varphi_2,\cdots\varphi_p$，$\theta_1,\theta_2,\cdots,\theta_p$；第三步就是对拟合的模型进行诊断检验。这三个步骤不断循环直到获取符合要求的模型为止。

一　变量选择及数据说明

（1）变量定义和说明

根据国库现金收入流来源的分类结构，这里定义各分类的变量名称，其对应关系见表 4－1。此外，由于本书所用数据包含日数据、旬数据和月数据，因而在研究过程中引入时间虚拟变量，这里定义了 11 个月度虚拟变量，分别是 month1、month2、month3、month4、month5、month6、month7、 month8、month9、month10、month11，而且各种收入在假期会暂停，从而这里也定义了假期虚拟变量 holiday。上述变量在研究过程中根据需要进行调用。

表 4 - 1　国库现金流收入变量定义

变量含义	变量名称	变量含义	变量名称
国库现金余额	trea_balance	国内增值税与消费税	value_consume
国库现金流收入	budget_inc	国内增值税	value_tax
上期国库现金余额	pre_trea_balance	国内消费税	consum_tax
税收收入	tax_inc	营业税	business_tax
国内债务收入	debt_inc	企业所得税	corporate_tax
政府性基金收入	fund_inc	个人所得税	personal_tax
行政事业性收费等其他收入	charge_inc	证券交易印花税	stock_tax
		车辆购置税	vehicle_tax
国库现金流支出	budget_exp	关税	tariff_tax
中央本级预算支出	central_exp	海关代征增值税和消费税	tariff_value_consume
转移性支出	transfer_exp	外贸企业出口退税	taxout
预抵税收返还	pretax_exp	外贸企业出口退增值税	taxout_value
国债兑付支出	debt_exp	外贸企业出口退消费税	taxout_consume
基金预算支出	fund_exp	其他税收收入	othertax

（2）数据说明

根据第一部分对国库现金收入流的统计考察，国库现金日度数据并没有明显的规律特征，而某些变量旬的数据则具有相对稳定的波动规律，因而接下来模型估计将主要结合日度数据和旬数据进行估计，由于我国国库现金管理制度改革还处于初步阶段，尽管关于旬的数据预测比日度实时性差，但在现阶段的国库现金管理制度改革中具有一定的实用性，为稳妥起见，国库现金管理制度改革可能需要考虑旬的支出需求，而不是单日的收支，因而旬的数据对我国现阶段国库现金管理制度改革也具有一定的适用性。

二　中央财政国库现金流收入预测模型构建

（1）模型识别

按照 Box-Jenkins 方法，求解国库现金收入流数据的自相关和偏自相关系数。结果如表 4 - 2 所示。

表 4-2 国库现金流流入及其识别方程的误差项自相关和偏自相关系数

序号	AC(1)	PAC(1)	Q-Stat(1)	Prob(1)	AC(2)	PAC(2)	Q-Stat(2)	Prob(2)	AC(3)	PAC(3)	Q-Stat(3)	Prob(3)
1	0.069	0.069	3.6336	0.057	0.024	0.024	0.4522	0.501	0.021	0.021	0.3166	n. a.
2	0.001	-0.004	3.6338	0.163	0.023	0.023	0.8622	0.650	-0.003	-0.003	0.3231	n. a.
3	-0.013	-0.013	3.7604	0.289	0.067	0.066	4.282	0.233	0.047	0.048	1.9837	n. a.
4	-0.005	-0.003	3.7801	0.437	-0.041	-0.044	5.5346	0.237	-0.045	-0.047	3.4595	0.063
5	-0.023	-0.022	4.1680	0.525	0.078	0.078	10.165	0.071	-0.005	-0.003	3.4784	0.176
6	0.005	0.008	4.1896	0.651	0.006	-0.001	10.195	0.117	-0.003	-0.006	3.4862	0.323
7	-0.003	-0.004	4.1952	0.757	0.076	0.079	14.566	0.042	0.010	0.015	3.5671	0.468
8	0.018	0.018	4.4515	0.814	0.085	0.070	20.115	0.010	0.067	0.065	6.9206	0.227
9	-0.018	-0.021	4.7056	0.859	0.020	0.020	20.415	0.016	0.019	0.017	7.2002	0.303
10	-0.001	0.001	4.7070	0.910	-0.035	-0.056	21.374	0.019	-0.078	-0.081	11.778	0.108
11	-0.038	-0.037	5.7962	0.887	-0.023	-0.026	21.786	0.026	-0.025	-0.027	12.248	0.140
12	-0.022	-0.018	6.1832	0.907	0.071	0.068	25.615	0.012	0.071	0.077	15.970	0.068
13	-0.011	-0.007	6.2725	0.936	-0.026	-0.033	26.126	0.016	-0.043	-0.036	17.351	0.067
14	0.022	0.021	6.6306	0.948	0.020	0.010	26.440	0.023	-0.007	-0.010	17.391	0.097
15	-0.024	-0.028	7.0904	0.955	0.210	0.200	60.397	0.000	0.021	0.009	17.707	0.125
16	-0.018	-0.017	7.3377	0.966	-0.034	-0.043	61.317	0.000	-0.043	-0.041	19.123	0.119
17	-0.009	-0.006	7.3938	0.978	0.051	0.037	63.371	0.000	0.036	0.036	20.077	0.128
18	-0.017	-0.017	7.6100	0.984	0.023	0.015	63.782	0.000	-0.001	0.007	20.078	0.169
19	0.000	0.004	7.6100	0.990	-0.024	-0.012	64.241	0.000	-0.024	-0.016	20.522	0.198

续表

序号	AC(1)	PAC(1)	Q-Stat(1)	Prob(1)	AC(2)	PAC(2)	Q-Stat(2)	Prob(2)	AC(3)	PAC(3)	Q-Stat(3)	Prob(3)
20	0.042	0.039	8.9516	0.983	0.100	0.058	72.030	0.000	0.074	0.055	24.692	0.102
21	0.008	0.001	8.9990	0.989	0.057	0.064	74.523	0.000	0.064	0.065	27.791	0.065
22	0.026	0.023	9.5158	0.990	0.159	0.138	94.250	0.000	0.015	0.026	27.952	0.084
23	0.016	0.013	9.7169	0.993	0.047	-0.001	95.965	0.000	0.024	0.012	28.373	0.101
24	0.051	0.049	11.755	0.983	0.036	0.027	96.967	0.000	0.036	0.031	29.344	0.106
25	0.010	0.006	11.833	0.988	0.047	0.047	98.708	0.000	0.027	0.035	29.914	0.121
26	0.017	0.016	12.052	0.991	0.026	0.028	99.242	0.000	0.015	0.009	30.080	0.147
27	0.022	0.020	12.431	0.992	-0.002	-0.057	99.246	0.000	-0.039	-0.040	31.228	0.147
28	-0.006	-0.012	12.462	0.995	-0.022	-0.02	99.614	0.000	-0.037	-0.037	32.249	0.151
29	0.006	0.011	12.492	0.997	0.057	0.019	102.16	0.000	0.035	0.018	33.169	0.157
30	-0.010	-0.012	12.565	0.998	0.015	-0.047	102.34	0.000	-0.041	-0.032	34.450	0.153
31	-0.003	0.002	12.572	0.999	-0.026	-0.014	102.89	0.000	-0.021	-0.006	34.785	0.176
32	0.021	0.023	12.916	0.999	-0.022	-0.044	103.28	0.000	-0.023	-0.043	35.179	0.199
33	0.030	0.029	13.607	0.999	0.047	0.054	105.07	0.000	0.029	0.032	35.819	0.214
34	0.017	0.013	13.839	0.999	-0.018	-0.034	105.34	0.000	-0.030	-0.026	36.495	0.228
35	0.017	0.022	14.076	0.999	0.015	0.005	105.51	0.000	-0.009	0.002	36.563	0.265
36	-0.004	-0.001	14.088	1.000	-0.012	-0.033	105.62	0.000	-0.023	-0.020	36.965	0.291

注：（1）表示国库现金流收入自相关与偏自相关系数；（2）表示国库现金流收入与税收收入、基金收入和债务收入自相关与偏自相关系数；（3）表示国库现金流收入与税收收入、基金收入、债务收入回归后根据误差项自特性调整后的误差项自相关与偏自相关系数；Q统计量为博克斯－皮尔斯Q统计量，Prob为P值。

从中可以看出自相关系数迅速变小，在5%的显著性水平上都接受国库现金流平稳的零假设，这表明国库现金流收入本身在计量上属于平稳时间序列，各种收入的综合作用使国库现金流收入没有特定的趋势，既没有自相关的经验证据，也没有偏自相关的现象①，这说明单纯依靠国库现金流收入数据并没有办法对未来收入情况进行推测，因为未来与现在没有直接的数量关系。这就决定了国库现金流收入预测必须从结构入手。

要从结构上预测国库现金流收入模型，就必须依赖于各收入分类的预测容易程度来进行构造，国库现金流收入包含税收收入、基金收入、债务收入、预抵税收返还、行政事业性收费等类别，预抵税收返还属于负向操作，对国库现金流收入是负贡献，而且预抵税收返还与政策因素、地方向中央借款及企业隶属关系变动等息息相关，因而预抵税收返还波动规律性不强，在这里不纳入结构性预测。此外，行政事业性收费与近年来的收费改革、预算外资金管理制度改革具有较大的关系，其经验数据与未来相关性可能不大，因而这里也不考虑这种收入。在结构上我们主要考虑包含税收收入、基金收入与债务收入等解释变量。将这些变量纳入之后，得到相应的回归方程，继续检查序列转换后的自相关和偏自相关系数情况，如表4-2所示，滞后阶数小于7阶时，AC（2）和PAC（2）的数值都处于较小的水平，但是滞后7阶特别是15阶后，自相关和偏自相关系数却都突然增大了，Q统计量的P值都为零，表明必须进一步进行模型的拟合。根据数据的特性，增加误差项滞后5阶、15阶及22阶的自回归过程，结果发现（见表4-2），自相关系数迅速变小，在5%的显著性水平上都接受误差项平稳的零假设，这表明现有方程较好地拟合了国库现金流收入与其他收入之间的关系。

（2）模型估计

利用国库现金流收入及相关收入日度数据对第一阶段模型识别得到模型进行回归分析，结果见表4-3。从表4-3可以看出，所有回归系数对应的 t -统计量都比较大，都在2%的水平上显著异于零，表明了国库现金流收入与基金收入、债务收入、税收收入之间的稳定关系，调整 R^2 也达到了96.6%，拟合程度较好，DW统计量为1.96表明残差项并不存在序列相关，

---

① 对国库现金流收入旬数据也做检验，发现其也没有自相关的经验证据及偏自相关的性质。

而且从表4-2中的残差自相关系数 AC（3）和偏自相关系数 PAC（3）也可以看出自相关系数和偏自相关系数都迅速缩小，从而说明模型不存在差分和滞后阶数不足的情况，估计的模型较好地拟合了国库现金流收入运动情况。

表 4-3　模型估计结果（因变量是国库现金流收入）

变量	系数	标准误	t-统计量	概率
常数项	275988.000	53141.160	5.193	0.000
tax_inc	0.797	0.025	32.321	0.000
fund_inc	0.997	0.007	141.066	0.000
debt_inc	0.998	0.034	29.588	0.000
AR（5）	0.082	0.036	2.275	0.023
AR（15）	0.204	0.036	5.677	0.000
AR（22）	0.150	0.036	4.136	0.000
R^2	0.966	因变量均值	1590015.000	——
调整 R^2	0.966	因变量标准差	3813231.000	——
回归标准误差	704140.200	AIC 统计量	29.777	——
残差平方和	3.600E+14	SIC 统计量	29.821	——
似然估计	-10906.210	F 统计量	3456.896	——
Durbin-Watson 统计量	1.958	Prob（F 统计量）	0.000	——

由于这里采用的数据是每天的数据，因而国库现金流可能还与时间段有关，这里考虑月份相关虚拟变量，在表4-3的模型基础上增加月份的虚拟变量，结果如表4-4所示，可以看出，月份虚拟变量并不显著，因而，国库现金收入流预测模型较为科学的应该是表4-3的模型。

表 4-4　加入月份虚拟变量后的模型估计结果（因变量是国库现金流收入）

变量	系数	标准误	t-统计量	概率
常数项	224560.700	104843.900	2.142	0.033
tax_inc	0.789	0.026	30.539	0.000
fund_inc	0.999	0.007	141.604	0.000
debt_inc	0.997	0.034	29.648	0.000
month1	-61029.600	141336.800	-0.432	0.666
month2	-178697.000	148002.500	-1.207	0.228
month3	144742.100	144057.200	1.005	0.315

变量	系数	标准误	t - 统计量	概率
month4	182158.000	148482.100	1.227	0.220
month5	26462.800	151143.600	0.175	0.861
month6	68702.620	148808.600	0.462	0.644
month7	160255.500	148075.000	1.082	0.280
month8	-153300.000	145792.000	-1.052	0.293
month9	124648.200	143614.800	0.868	0.386
month10	201313.100	142516.900	1.413	0.158
month11	106700.400	118142.500	0.903	0.367
AR(5)	0.072	0.036	1.972	0.049
AR(15)	0.212	0.036	5.845	0.000
AR(22)	0.159	0.036	4.358	0.000
R^2	0.967	因变量均值	1590015.000	—
调整 R^2	0.966	因变量标准差	3813231.000	—
回归标准误差	699667.500	AIC 统计量	29.785	—
残差平方和	3.480E + 14	SIC 统计量	29.930	—
似然估计	-10893.380	F 统计量	956.033	—
Durbin-Watson 统计量	2.023	Prob(F 统计量)	0.000	—

（3）模型诊断

模型的诊断主要通过对残差的检验来评价模型的各种性质。从表 4-2 可以发现残差项的自回归函数值 AC（3）和偏自回归函数值 PAC（3）都落在稳定区间内，从而没有违背白噪声的要求，进一步地，残差对应的博克斯－皮尔斯 Q 统计量（Box-Pierce）$Q_{BP} = n \sum_{j=1}^{K} r_j$ 的值也在表 4-2 中，它近似地服从卡方分布，根据检验表明残差为白噪声；对残差做正态性检验，雅克贝拉检验统计量（Jaque Bera）JB 的值也接受残差为正态分布的假设。由此可知，上述识别得到的国库现金收入流模型（见表 4-3）满足基本的检验要求，模型的估计系数为一致有效的。

第三节　中央财政国库现金流收入可预测性分析评价

这里用国库现金流收入数据作为预测样本，预测方法采用迭代 AR 预测法（Stock and Watson，2003）。这里采用两个系数进行评价：平均绝对

误差百分数 MAPE（Mean Absolute Percentage Error）和 Theil 不等系数（Theil Inequality Coefficient）。平均绝对误差百分数 MAPE 和 Theil 不等系数表达式分别为 $\mathrm{MAPE} = 100/T\sum_{t=1}^{T}|e_t|/A_t$ 和 $\mathrm{Theil} = \sqrt{\sum_{t=1}^{T}e_t^2/T}\bigg/\left(\sqrt{\sum_{t=1}^{T}A_t^2/T} + \sqrt{\sum_{t=1}^{T}P_t^2/T}\right)$。这里 A_t 表示预测样本中的真实值，P_t 表示预测值，e_t 表示预测误差即 $e_t = A_t - P_t$。这两个系数的优点是它们与样本数量没有关系，不会随着样本数据的增加而增多，可以较客观地反映预测效果。如果采用向前一步预测法预测 2009 年 12 月度国库现金收入流，得到的平均绝对误差百分数 MAPE 为 79.5，而 Theil 不等系数为 0.085，如果采用迭代向前动态预测，那么得到的平均绝对误差百分数 MAPE 为 89.5，而 Theil 不等系数为 0.088，这些都表明了模型预测的准确性比较高，可以为以后国库现金流收入预测提供参考。

然而，尽管上述得到了国库现金收入流预测模型，但这个模型与税收收入、基金收入和国债收入息息相关，因而只有准确预测税收收入、国债收入和基金收入才能运用上述模型预测国库现金流收入。为此，接下来将探讨税收收入、基金收入与国债收入的可预测性。

关于税收收入预测，同样利用前面拟合国库现金流收入模型的方法进行分析。首先，从图 4 - 2 可以发现，每天的税收收入具有相似的波动特征，但从表 4 - 5 税收收入自相关系数与偏相关系数 AC（1）、PAC（1）都没有平稳的趋势，而且相应的 Q 统计量和对应的 P 值都拒绝税收收入平稳的假说。

为此，必须依据税收的波动特征拟合预测模型，由于税收具有明显的旬特征，即中旬税收往往较多，而上、下旬较低，为此这里考虑旬虚拟变量 month11～month121，在此基础上进行移动平均，并对识别的模型的误差项求解自相关系数与偏相关系数。结果发现（见表 4 - 5），误差项对应的自相关系数与偏相关系数表明误差项平稳，符合白噪声要求。根据这个结果，这里对税收收入模型进行估计，得出模型结果。利用上述结果可以进一步对税收进行预测，然而，估计的模型的调整 R^2 仅仅为 0.642（见表 4 - 6），表明税收预测模型拟合程度还不太高，由此可能导致预测的偏误，因此，在实际预测过程中，建议采用多种方法进行综合预测。

表 4 – 5　税收收入及预测模型的误差项自相关系数与偏相关系数

序号	AC(1)	PAC(1)	Q-Stat(1)	Prob(1)	AC(2)	PAC(2)	Q-Stat(2)	Prob(2)
1	0.754	0.754	288.39	0.000	– 0.001	– 0.001	0.0007	n. a.
2	0.500	– 0.161	415.17	0.000	0.012	0.012	0.0751	n. a.
3	0.308	– 0.020	463.45	0.000	0.046	0.046	1.1103	n. a.
4	0.122	– 0.143	471.08	0.000	– 0.054	– 0.054	2.5253	n. a.
5	– 0.028	– 0.069	471.48	0.000	– 0.053	– 0.055	3.9033	n. a.
6	– 0.142	– 0.083	481.75	0.000	– 0.066	– 0.067	6.0271	n. a.
7	– 0.209	– 0.036	504.23	0.000	– 0.035	– 0.029	6.6171	0.100
8	– 0.250	– 0.067	536.43	0.000	– 0.010	– 0.006	6.666	0.336
9	– 0.298	– 0.124	582.03	0.000	0.001	0.002	6.666	0.183
10	– 0.320	– 0.065	634.84	0.000	0.017	0.010	6.801	0.147
11	– 0.313	– 0.056	685.45	0.000	– 0.034	– 0.044	7.370	0.195
12	– 0.302	– 0.083	732.59	0.000	– 0.079	– 0.090	10.424	0.108
13	– 0.262	– 0.023	768.31	0.000	– 0.062	– 0.071	12.343	0.090
14	– 0.182	0.023	785.63	0.000	– 0.004	– 0.001	12.350	0.136
15	– 0.102	– 0.020	791.02	0.000	0.015	0.022	12.464	0.188
16	– 0.042	– 0.045	791.93	0.000	0.017	0.013	12.609	0.246
17	0.007	– 0.027	791.96	0.000	– 0.035	– 0.057	13.214	0.280
18	0.109	0.137	798.24	0.000	0.008	– 0.019	13.247	0.351
19	0.207	0.056	820.72	0.000	– 0.030	– 0.048	13.714	0.394
20	0.309	0.153	871.06	0.000	– 0.004	– 0.004	13.721	0.471
21	0.371	0.037	943.87	0.000	– 0.007	– 0.007	13.747	0.545
22	0.363	– 0.021	1013.4	0.000	0.085	0.091	17.386	0.361
23	0.312	– 0.006	1065.1	0.000	0.076	0.068	20.335	0.257
24	0.224	– 0.025	1091.7	0.000	0.042	0.023	21.233	0.268
25	0.113	– 0.031	1098.5	0.000	0.000	– 0.033	21.233	0.324
26	0.019	0.010	1098.7	0.000	0.026	0.017	21.568	0.364
27	– 0.071	– 0.031	1101.3	0.000	– 0.053	– 0.036	23.001	0.344
28	– 0.124	0.032	1109.6	0.000	– 0.029	– 0.002	23.429	0.378
29	– 0.152	0.001	1121.9	0.000	0.037	0.055	24.130	0.397
30	– 0.198	– 0.063	1143.1	0.000	0.032	0.048	24.643	0.425
31	– 0.247	– 0.052	1175.9	0.000	– 0.116	– 0.128	31.598	0.170
32	– 0.234	0.075	1205.6	0.000	0.019	– 0.008	31.775	0.201
33	– 0.230	– 0.064	1234.2	0.000	0.011	0.009	31.840	0.238

表 4 - 6 税收收入预测模型估计（因变量：税收收入）

变量	系数	标准误	t - 统计量	概率
month11	1239340.000	293480.500	4.223	0.000
month12	2230833.000	279193.300	7.990	0.000
month13	1122955.000	250503.000	4.483	0.000
month21	657691.700	288109.300	2.283	0.023
month22	1239743.000	296860.400	4.176	0.000
month23	1234420.000	295406.100	4.179	0.000
month31	978701.800	283570.800	3.451	0.001
month32	1112400.000	262605.700	4.236	0.000
month33	941923.700	262051.600	3.594	0.000
month41	766861.100	265352.600	2.890	0.004
month42	2175521.000	268112.700	8.114	0.000
month43	1967330.000	252691.300	7.786	0.000
month52	1290002.000	273793.300	4.712	0.000
month53	2269403.000	239078.100	9.492	0.000
month62	1532176.000	250150.900	6.125	0.000
month63	1814544.000	277640.800	6.536	0.000
month72	2231958.000	270416.700	8.254	0.000
month73	1258372.000	253477.200	4.964	0.000
month82	1312244.000	268340.000	4.890	0.000
month83	1169634.000	253697.800	4.610	0.000
month91	475124.800	266648.500	1.782	0.075
month92	1095280.000	268490.900	4.079	0.000
month93	1407112.000	263836.500	5.333	0.000
month102	1546858.000	285029.100	5.427	0.000
month103	1849490.000	245398.100	7.537	0.000
month111	691936.200	277847.200	2.490	0.013
month112	695954.900	255694.700	2.722	0.007
month113	1118947.000	264929.200	4.224	0.000
month121	618424.000	266702.500	2.319	0.021
AR（6）	- 0.125	0.041	- 3.081	0.002
AR（9）	- 0.131	0.042	- 3.126	0.002
AR（10）	- 0.328	0.060	- 5.495	0.000
AR（13）	- 0.157	0.050	- 3.171	0.002
AR（23）	0.119	0.046	2.593	0.010
AR（24）	0.176	0.042	4.154	0.000

续表

变量	系数	标准误	t-统计量	概率
MA(1)	0.646	0.046	13.924	0.000
MA(2)	0.185	0.047	3.961	0.000
MA(10)	0.175	0.056	3.117	0.002
MA(12)	-0.116	0.045	-2.558	0.011
R^2	0.669	因变量均值		1149375.000
调整 R^2	0.642	因变量标准差		1190446.000
回归标准误差	711873.100	Akaike 信息准则		29.863
残差平方和	2.360E+14	许瓦兹准则		30.190
似然估计	-7486.579	Durbin-Watson 统计量		1.945

　　从上述税收总量收入流预测来看，预测准确性较低，这里进一步采用结构预测方式构建预测方程，如表4-7所示，采用结构预测，拟合结果表明调整 R^2 达到了0.993，明显提高了预测能力，因而这种方式可能有助于更准确预测税收收入，然而这种结构性预测建立在准确预测主要税种收入的前提下，只有各主要税种收入准确预测，通过结构方程预测税收收入才有可能。要预测各税种的收入，可以借鉴发达国家的经验，要求各级政府对各类税收收入进行预计，然后层层汇总，在此基础上与模型预测得到的结果进行比对，并进行相应的矫正。

表4-7　税收收入结构预测模型估计（因变量：税收收入）

变量	系数	标准误	t-统计量	概率
business_tax	1.058	0.113	9.371	0.000
personal_tax	1.215	0.077	15.773	0.000
corporate_tax	0.999	0.004	244.686	0.000
tariff_tax	1.162	0.276	4.209	0.000
value_tax	0.967	0.014	67.886	0.000
consum_tax	1.081	0.040	26.755	0.000
vehicle_tax	1.702	0.230	7.406	0.000
tariff_value_consume	0.952	0.060	15.799	0.000
taxout	0.959	0.012	77.798	0.000
AR(8)	0.073	0.037	1.995	0.046
AR(7)	0.199	0.037	5.326	0.000

续表

变量	系数	标准误	t - 统计量	概率
AR（9）	0.114	0.036	3.151	0.002
AR（10）	0.109	0.037	2.944	0.003
MA（5）	0.288	0.036	7.885	0.000
MA（6）	0.120	0.038	3.134	0.002
MA（11）	0.189	0.036	5.239	0.000
MA（1）	- 0.208	0.037	- 5.664	0.000
MA（2）	- 0.062	0.036	- 1.711	0.088
R^2	0.993	因变量均值		1025980.000
调整 R^2	0.993	因变量标准差		1094351.000
回归标准误差	92241.260	Akaike 信息准则		25.726
残差平方和	6.190E + 12	许瓦兹准则		25.838
似然估计	- 9564.960	Durbin-Watson 统计量		1.986

关于国债收入预测，根据第一部分统计分析中的图 4 - 23 可以发现，国债发行与国债兑付具有显著关系，国债兑付高峰伴随着国债发行数量的急剧上升，即国债发行很大程度上在于滚动发行以应对兑换需求，同时结合宏观财政政策，可以较为准确地预测国债发行收入。

关于基金收入预测，按照 Box-Jenkins 方法，求解基金收入流数据的自相关和偏自相关系数。从表 4 - 8 可以看出自相关系数迅速变小，在 5% 的显著性水平上都接受基金收入平稳的零假设，这表明基金收入本身在计量上属于平稳时间序列，基金收入没有特定的趋势，既没有自相关的经验证据，也没有偏自相关的现象，这说明单纯依靠基金收入历史数据没有办法对未来收入情况进行预测。为此，这里对几个主要基金进行考察，从图 4 - 26 至图 4 - 34 可以看出，大多数基金具有一定的规律性，比如铁路建设基金收入集中在月底，并且呈先增后迅速下降的趋势；三峡工程建设基金收入每个月出现中旬集中上缴的现象；民航机场管理建设费收入 2008 年以来出现这种规律——1 月、3 月、5 月、7 月与 9 月每月出现月底集中上缴的现象；港口建设费收入大多数在月底、年底集中上缴；大中型水库移民后期扶持基金收入每个月中旬集中上缴，而且相对均匀；民航基础设施建设基金收入 2008 年以来呈现明显的特征——奇

表 4 - 8　基金收入自相关系数与偏相关系数

序号	AC	PAC	Q-Stat	Prob
1	− 0. 007	− 0. 007	0. 0248	0. 875
2	− 0. 006	− 0. 007	0. 0461	0. 977
3	− 0. 005	− 0. 005	0. 0580	0. 996
4	− 0. 003	− 0. 003	0. 0637	1. 000
5	− 0. 007	− 0. 007	0. 0864	1. 000
6	− 0. 005	− 0. 006	0. 1017	1. 000
7	0. 015	0. 014	0. 2107	1. 000
8	− 0. 006	− 0. 006	0. 2279	1. 000
9	− 0. 006	− 0. 006	0. 2462	1. 000
10	− 0. 005	− 0. 005	0. 2606	1. 000
11	− 0. 007	− 0. 007	0. 2830	1. 000
12	− 0. 001	− 0. 001	0. 2836	1. 000
13	0. 001	0. 001	0. 2841	1. 000
14	0. 023	0. 023	0. 5589	1. 000
15	− 0. 007	− 0. 007	0. 5836	1. 000
16	− 0. 007	− 0. 007	0. 6082	1. 000
17	0. 013	0. 013	0. 6994	1. 000
18	− 0. 007	− 0. 007	0. 7247	1. 000
19	− 0. 004	− 0. 004	0. 7326	1. 000
20	0. 017	0. 017	0. 8819	1. 000
21	− 0. 004	− 0. 005	0. 8912	1. 000
22	− 0. 007	− 0. 007	0. 9192	1. 000
23	− 0. 007	− 0. 007	0. 9460	1. 000
24	0. 021	0. 021	1. 1831	1. 000
25	− 0. 007	− 0. 006	1. 2100	1. 000
26	0. 017	0. 017	1. 3651	1. 000
27	− 0. 005	− 0. 005	1. 3780	1. 000
28	− 0. 007	− 0. 007	1. 4044	1. 000
29	− 0. 007	− 0. 006	1. 4313	1. 000
30	− 0. 006	− 0. 006	1. 4514	1. 000
31	− 0. 004	− 0. 006	1. 4614	1. 000
32	− 0. 003	− 0. 003	1. 4679	1. 000
33	− 0. 004	− 0. 004	1. 4747	1. 000
34	− 0. 007	− 0. 008	1. 5036	1. 000
35	− 0. 007	− 0. 007	1. 5336	1. 000
36	− 0. 008	− 0. 007	1. 5662	1. 000

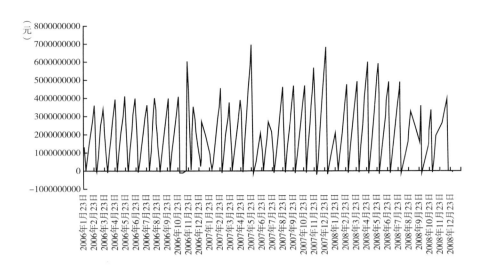

图 4 - 26　铁路建设基金收入

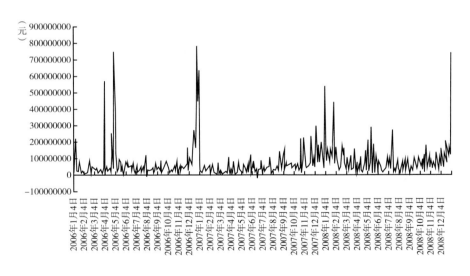

图 4 - 27　新增建设用地土地有偿使用费收入

数月月底集中上缴；农网还贷资金收入也出现每个月中旬集中上缴的现象。然而，从图 4 - 9 可以看出，各年之间各基金收入波动幅度都比较大，方差较大，因而尽管基金收入具有一定规律性，但并非就意味着能够被准确预测，而只能表明在某些时点上可能会出现收入突然增长的现象，国库现金管理只能预期这些时点收入增长的可能性，但对于基金收入增长的数量，则难以达成一致的估计。

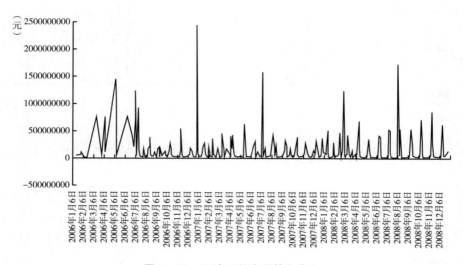

图 4 – 28　三峡工程建设基金收入

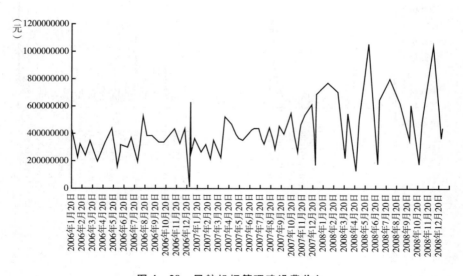

图 4 – 29　民航机场管理建设费收入

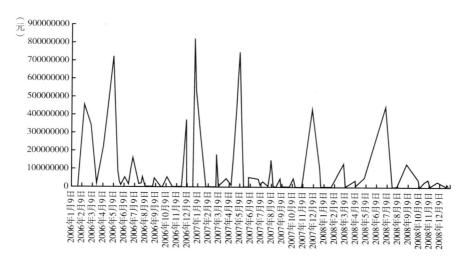

图 4 - 30　外贸发展基金收入

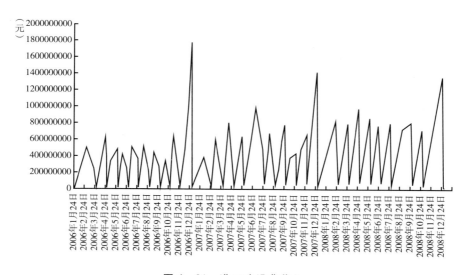

图 4 - 31　港口建设费收入

关于基金总量预测，上述研究表明难以通过结构预测来实现，这有赖于从统计上考察基金收入总量的特征。尽管在国库现金流收入分类上，基金收入是一个重要分类，但实际上，基金收入并不大，从图 4 - 9 可以看出，每天基金收入比较稳定，大部分时间基金收入都在 30 亿元以下，2007

年 1 月至 2008 年 12 月平均每天基金收入在 11.7 亿元，在实际预测过程中，可以采用上年同期平均值或者上月平均值来替代，这在国库现金管理制度改革初期具有较强的适用性。改革初期，考虑到对于中央国库库底现金而言，较大的方差可能相对稳健，因而，这里建议在实际预测中根据财政部门掌握的基金收入信息对基金收入进行粗略的估计，以此替代基金收入预测值。

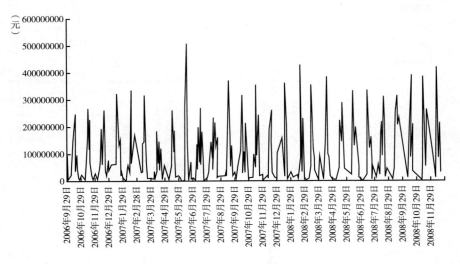

图 4 - 32　大中型水库移民后期扶持基金收入

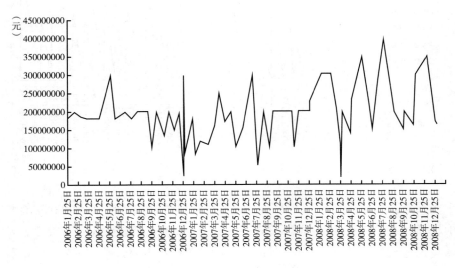

图 4 - 33　民航基础设施建设基金收入

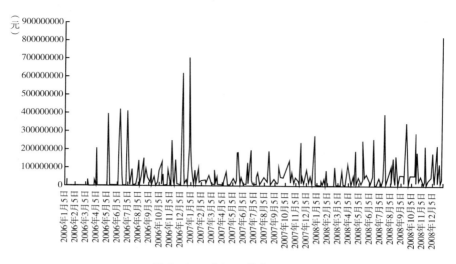

图 4 - 34 农网还贷资金收入

第五章

中国财政国库现金流支出
分析：以中央国库为例

　　相比国库现金流收入信息主要由税收部门管理而言，财政部门掌握较全面的国库现金流支出信息，每个月各预算单位向财政部门申报支出用款计划，除非出现突发事件导致异常支出，财政部门对未来正常支付需求了解较为全面，而且大额直接支付往往需要财政部门的审批，因而财政部门对国库现金流支付具有一定的控制力，从这个角度上说，国库现金管理对于支出预测也就相对容易。发达市场经济国家国库现金流支出预测也往往是根据各级预算单位的支付计划，层层汇总形成预测结果。然而，这种预测必须依赖于国库集中支付改革的深化，目前中国财政资金不仅有授权支付、直接支付，还有大量的实拨业务，财政支付还没有完全实现集中管理，在这种情况下，国库现金流支出预测往往只能依据以往的历史数据形成对未来的一种判断，然后根据掌握的支出信息进行相应调整。本章主要探讨国库现金流支出总量变化及结构特征，以此反映国库收入流的变化因素，在此基础上，对国库现金流支出的可预测性进行分析。

第一节　中央财政国库现金流支出初步
考察：支出流总体情况

　　与国库现金收入流总量一样，国库现金支出流总体也呈现明显的波动性，但出现大起大落的现象并不多见，国库现金流支出随时间上下波动，但没有明显的趋势及单一的波动特征（见图 5－1）。从统计上看，2006～2008 年平均每天国库现金流支出为 151.2 亿元，但每天与均值的绝对误差达到 154.7 亿元，表明国库现金流支出总体上并不平稳，而且偏差也比较大，这就给总量分析带来复杂性，需要进一步从支出流结构角度进行分析。但从结构上看，国库现金流分类支出日度数据并没有明显的特性（见图 5－2、图 5－3、图 5－4）。

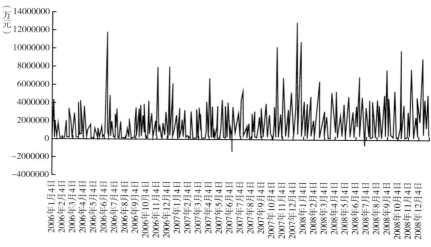

图 5－1　国库现金支出每日走势

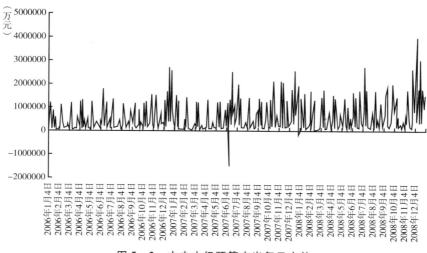

图 5－2　中央本级预算支出每日走势

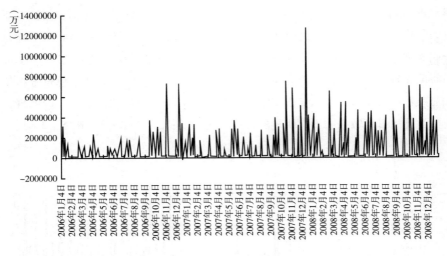

图 5 – 3 转移性支出

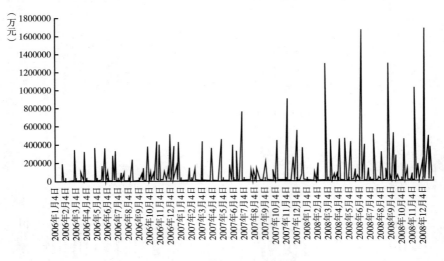

图 5 – 4 基金预算支出

与国库现金流收入一样，按每天国库现金流支出为基础也可能导致各月存在差异而不可比，例如，有些现金流具有周模式（Day-of-week），有些具有月模式（Day-of-month），周模式与月模式的组合有 28 种，即除了 2 月外每个月有 31 天和 30 天两种，而每个月的第一天从星期一变化到星期天共有七种，再加上 2 月也有两种：28 天与 29 天，从而总共可以组成 28

种周模式与月模式的组合。为了更好地把握国库现金流支出特征，这里对基础数据进行整理，以旬为单位来考察国库现金流支出的特征。从图5-5可以看出，以旬为单位的数据走势特征比较突出，特别是各类支出年底突然增长的现象十分显著，转移性支出波动最为显著，而中央本级预算支出则呈稳步上升态势。

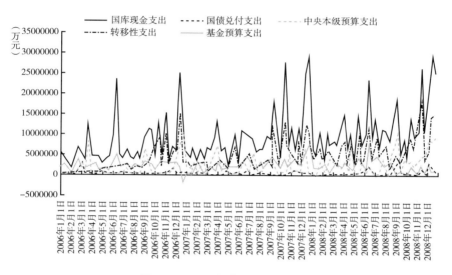

图5-5　国库各类支出每旬走势

一　中央本级预算支出

为了更好地分析中央本级预算支出的特征，图5-6给出了中央本级预算支出随时间变化的走势，尽管各期波动幅度并不一致，但中央本级预算支出表现出一些显著特性：大部分时间中央本级预算支出都保持相对稳定，但半年度即每年的6月至7月支出往往出现明显的上升过程，而在12月中央本级预算支出都出现急剧上升的现象，而且上升幅度是平常的4倍甚至将近5倍，这种情况对于国库现金管理改革来说尤其重要。尽管从全年的平均角度看，国库现金需要为此保留的平均资金可能不大，但到年底则必须充分考虑中央本级预算支出迅速上升的问题，预留足够的资金，以应对财政支出需求。一般来说，产生年底支出急剧上升的情况与现行的预算体制息息相关，我国实行的财政年度与公历一致，即每年的1月1日到

12 月 31 日，各单位资金在年初预算中安排，但实际支出当中可能受到各种因素的制约而导致支出进度放缓，比如由于某些年初预定的项目推迟开展而导致项目资金需求没有那么迫切，而有些单位由于申请资金比实际需求大而导致支出无法同步，财政部门年初可能预留过多的机动财力而导致支出进度偏慢，而且每年财政大都会有超收的问题。这些因素综合作用导致年底库底沉淀资金较大，为了实现财政预算目标，年底财政部门往往增加项目审批与资金的拨付，要求预算单位加快支出进度等，最后导致 12 月国库现金流出比往常高出很多，这些值得国库现金管理充分关注。

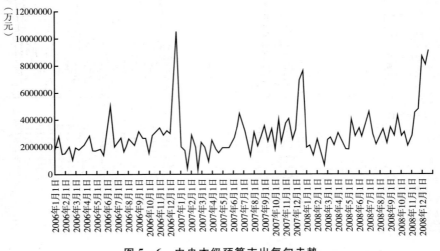

图 5－6　中央本级预算支出每旬走势

二　转移性支出

与中央本级预算支出相似，转移性支出也存在 12 月支出急剧上升的情况，产生这种现象的原因也类似，为了完成预算目标，中央在年底增加项目支出的同时也会根据各省财力增加对地方的转移支付，特别是财政超收中往往有大量用于民生支出，这就不是单纯大项目的立项发展问题，而是涉及全国各地收入分配问题，因而在分配超收时往往增加对地方的转移支付，这也就产生了国库现金流支出急剧上升的现象。此外，转移支付还具有自身的显著特征，其波动幅度并不完全一致，而是呈逐步加大的趋势，特别是到 2008 年，转移支付的变化明显上升（见图 5－7），这可能与近年来我国财政支出着力向民生、民心工程倾斜有关，同时也跟中央财政收入快速上升难以分开。随着公共财政体制改革的不断深入，转移支付可能会逐步趋稳，国库现金管理制度改革需要适时考虑相关因素并进行相应策略调整。

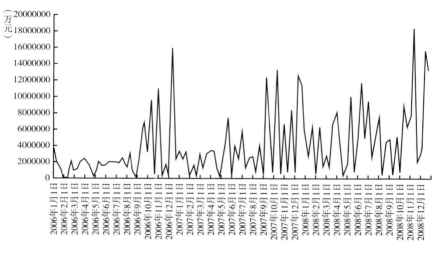

图 5-7　转移性支出每旬走势

三　国债兑付支出

国债兑付作为国库现金流支出的重要项目，与其他支出项目存在较大的差异，国债兑付属于中央财政的资本项目业务，国债兑付不是受到经济内生的约束，而是与财政国债政策息息相关，财政部门会根据不同的经济形势发行不同的国债，以决定对经济的刺激力度，这影响了未来国债兑付规模与兑付频率，因而不同阶段的财政政策将引起未来国债兑付支出出现不同的特征，然而，由于国债往往通过发行新债还本付息，从而国债兑付增加的同时可能也将带来国债发行收入的增加，两者综合作用后对国库现金库款影响也相对较小。从图 4-23 可以看出，国债发行与国债兑付存在极大的相关性，国债兑付支出增加的时候，国债发行规模也往往较大，因而在国库现金流支出预测过程中，国债兑付支出相对可预测。

四 基金预算支出

与前面的几项支出相比，基金支出的总体趋势比较平稳，但也呈现一些规律性，比如每年的上半年基金支出会有一个上升过程，而到半年度时基金支出会突然下降到低点，而后一直到年底再呈现逐步上升的过程，这种趋势在年度之间比较相似。此外，每年11月都会出现基金支出快速上升的现象，这也意味着基金也有年底集中支出的规律（见图5-8）。从总量来说，基金每旬支出总量基本上都稳定在100亿元以下，总体上看基金支出可以被视为相对稳定，而且基金支出在总财政国库现金支出中的比例也不大，因而在具体预测中可以通过计算短期内基金支出的平均值来替代。但到2008年以后，基金支出出现几次超过100亿元的现象，这也表明随着基金收入的增加，未来基金可能也会出现一些大的波动。

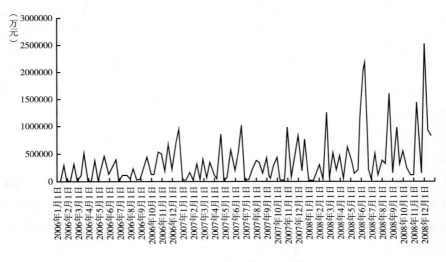

图 5 - 8　基金预算支出每旬走势

第二节 中央财政国库现金流支出可预测性分析

本章的国库现金流支出预测与国库现金流收入一样，都是依赖于历史数据的特性拟合国库现金流支出模型，因而这里也采用上章国库现金流收入预测方法，主要采用 Box-Jenkins 方法，并综合利用结构预测方程。

一　变量选择及数据说明

（1）变量定义和说明

根据国库现金流支出的分类结构，定义各分类的变量名称，其对应关系见表5-1。此外，由于本书所用数据包含日数据、旬数据和月数据，因而在研究过程中引入时间虚拟变量，这里定义了11个月度虚拟变量，分别是month1、month2、month3、month4、month5、month6、month7、month8、month9、month10、month11，而且各种收入在假期会暂停，同时也定义35个旬变量，根据分析需要也考虑了假期虚拟变量holiday。上述变量在研究过程中根据需要进行调用。

表 5 - 1　国库现金流支出变量定义

变量含义	预算内资金支出	中央本级预算支出	转移性支出	基金预算支出	国债兑付支出
变量名称	budget_exp	central_exp	transfer_exp	fund_exp	debt_exp

（2）数据说明

根据第一部分对国库现金支出流的统计考察，国库现金流支出日度数据并没有明显的规律特征，但某些支出仍然表现出一些显著特性：每年的6~7月支出往往出现明显的上升过程，而在12月支出都出现急剧上升的现象，这种情况对于国库现金管理制度改革来说尤其重要。因而接下来模型估计将结合这些特点进行估计，由于我国国库现金管理制度改革还处于初步阶段，尽管关于旬的数据预测比日度实时性差，但在现阶段的国库现金管理制度改革中具有一定的实用性，为稳妥起见，国库现金管理制度改革可能需要考虑旬的支出需求，而不是单日的收支，因而接下来将结合旬数据对我国现阶段国库现金支出模型进行估计。

二　中央国库现金流支出预测模型构建

（1）模型识别

按照 Box-Jenkins 方法，求解国库现金流支出数据的自相关和偏自相关系数。从表5-2可以看出自相关系数迅速变小，在5%的显著性水平上都接受国库现金流支出平稳的零假设，这表明国库现金流支出本身在计量上属

表 5 - 2　国库现金流支出及其识别方程的误差项自相关和偏自相关系数

序号	AC(1)	PAC(1)	Q-Stat(1)	Prob(1)	AC(2)	PAC(2)	Q-Stat(2)	Prob(2)	AC(3)	PAC(3)	Q-Stat(3)	Prob(3)
1	0.013	0.013	0.091	0.763	-0.031	-0.031	0.732	0.392	0.017	0.017	0.220	n. a.
2	0.013	0.013	0.179	0.914	0.116	0.115	10.971	0.004	0.052	0.052	2.255	n. a.
3	0.003	0.003	0.184	0.980	-0.002	0.004	10.976	0.012	-0.040	-0.042	3.477	n. a.
4	0.059	0.059	1.963	0.743	0.121	0.109	22.161	0.000	0.008	0.007	3.527	0.060
5	0.024	0.022	2.246	0.814	0.013	0.020	22.289	0.000	-0.054	-0.050	5.731	0.057
6	0.002	0.000	2.248	0.896	-0.016	-0.041	22.487	0.001	-0.059	-0.060	8.341	0.039
7	0.025	0.024	2.570	0.922	0.099	0.096	30.002	0.000	0.012	0.020	8.453	0.076
8	0.002	-0.002	2.572	0.958	-0.026	-0.029	30.504	0.000	-0.025	-0.024	8.933	0.112
9	-0.003	-0.006	2.576	0.979	-0.016	-0.043	30.696	0.000	-0.025	-0.030	9.395	0.153
10	0.009	0.008	2.614	0.989	0.008	0.020	30.743	0.001	0.038	0.042	10.524	0.161
11	0.047	0.044	3.770	0.976	-0.021	-0.038	31.078	0.001	0.018	0.011	10.767	0.215
12	-0.009	-0.011	3.808	0.987	0.012	0.011	31.186	0.002	0.015	0.007	10.936	0.280
13	0.002	0.002	3.810	0.993	-0.024	-0.004	31.615	0.003	-0.023	-0.022	11.344	0.331
14	0.028	0.027	4.213	0.994	-0.015	-0.035	31.799	0.004	-0.036	-0.043	12.344	0.338
15	-0.005	-0.011	4.225	0.997	0.012	0.027	31.911	0.007	-0.046	-0.041	14.004	0.300
16	-0.005	-0.006	4.237	0.998	-0.001	0.008	31.912	0.010	-0.103	-0.095	22.193	0.052
17	-0.025	-0.025	4.575	0.999	0.027	0.021	32.461	0.013	-0.055	-0.052	24.537	0.039
18	0.005	0.000	4.588	0.999	-0.008	0.007	32.508	0.019	-0.060	-0.054	27.355	0.026
19	-0.037	-0.036	5.292	0.999	0.006	-0.008	32.536	0.027	-0.022	-0.029	27.723	0.034

续表

序号	AC(1)	PAC(1)	Q-Stat(1)	Prob(1)	AC(2)	PAC(2)	Q-Stat(2)	Prob(2)	AC(3)	PAC(3)	Q-Stat(3)	Prob(3)
20	-0.002	0.000	5.294	1.000	-0.021	-0.021	32.882	0.035	-0.032	-0.038	28.495	0.039
21	-0.007	-0.005	5.323	1.000	0.102	0.107	41.023	0.006	0.042	0.025	29.845	0.039
22	0.011	0.011	5.390	1.000	-0.013	-0.013	41.154	0.008	0.037	0.020	30.924	0.041
23	-0.012	-0.007	5.469	1.000	0.016	-0.005	41.348	0.011	0.028	0.011	31.517	0.049
24	0.012	0.014	5.546	1.000	0.000	0.006	41.348	0.015	-0.024	-0.036	31.966	0.059
25	-0.032	-0.034	6.082	1.000	0.024	-0.003	41.810	0.019	-0.019	-0.029	32.263	0.073
26	0.000	0.002	6.082	1.000	-0.050	-0.049	43.791	0.016	-0.044	-0.040	33.752	0.069
27	-0.029	-0.028	6.541	1.000	0.021	0.024	44.123	0.020	-0.007	-0.001	33.791	0.088
28	-0.019	-0.019	6.742	1.000	-0.030	-0.045	44.850	0.023	-0.028	-0.024	34.419	0.099
29	-0.017	-0.013	6.901	1.000	0.000	0.000	44.850	0.030	-0.002	-0.013	34.423	0.125
30	-0.014	-0.008	7.005	1.000	0.027	0.056	45.441	0.035	0.048	0.041	36.224	0.110
31	0.006	0.011	7.028	1.000	-0.003	-0.012	45.448	0.045	0.018	-0.003	36.471	0.131
32	-0.032	-0.027	7.579	1.000	0.028	0.032	46.066	0.051	0.057	0.029	39.035	0.101
33	0.022	0.026	7.837	1.000	-0.007	0.006	46.103	0.064	0.035	0.014	40.028	0.104
34	0.080	0.084	11.314	1.000	0.008	-0.017	46.155	0.080	0.008	-0.019	40.084	0.127
35	-0.012	-0.016	11.397	1.000	-0.031	-0.016	46.906	0.086	-0.023	-0.029	40.492	0.144
36	-0.013	-0.011	11.496	1.000	0.003	-0.006	46.913	0.105	-0.002	0.000	40.494	0.173

注：（1）表示国库现金流支出自相关与偏自相关系数；（2）表示国库现金流支出与税收支出、基金支出和债务支出回归后误差项自相关与偏自相关系数；（3）表示国库现金流支出与税收支出、基金支出、债务支出回归后根据误差项目特性调整后的误差项自相关与偏自相关系数；Q统计量为博克斯－皮尔斯Q统计量，Prob为P值。

于平稳时间序列，各种支出的综合作用使国库现金流支出没有特定的趋势，既没有自相关的经验证据，也没有偏自相关的现象，这说明单纯依靠国库未来与现在没有直接数量关系的现金流支出数据并没有办法对未来支出情况进行推测，[①] 这就决定了国库现金流支出预测必须从结构入手。

要从结构上预测国库现金流支出模型，就必须依赖于各支出分类的预测容易程度来进行构造，国库现金流支出包含中央本级预算支出、转移性支出、基金预算支出和国债兑付支出。中央本级预算支出不仅与各预算部门的支付需求有关，而且各预算部门支付方式还存在较大差异，有些是直接支付、有些是授权支付，有些是军队相关的支出则从实拨渠道完成，这些都决定了中央本级预算支出的复杂性。相比之下，转移性支出、基金预算支出和国债兑付支出可预测性相对较强，转移性支出通常根据既定政策与财政部门的支出程序按时间拨付，基金预算支出往往是以收定支，而国债兑付支出则与国债期限结构息息相关。为此，这里将在预测方程中纳入转移性支出、基金预算支出和国债兑付支出作为解释变量。将这些变量纳入之后，得到相应的回归方程，继续检查序列转换后的自相关和偏自相关系数情况，如表5－2所示，滞后阶数小于2阶时，AC（2）和PAC（2）的数值都处于较小的水平，但是滞后2阶与4阶对应的自相关和偏自相关系数却都突然增大了，Q统计量的P值都为零，表明还存在自相关问题，必须进一步进行模型的拟合。根据上述数据的特性，具有明显的半年度与年底支出急剧增长问题，所以这里考虑旬的虚拟变量，同时根据显著性决定虚拟变量的设置，在此基础上，根据误差项特性，对回归方程增加移动平均及自回归过程，结果发现（见表5－2），自相关系数迅速变小，在5%的显著性水平上都接受误差项平稳的零假设，这表明现有方程较好地拟合了国库现金流支出与其他支出之间的关系。

（2）模型估计

利用国库现金流支出及相关支出日度数据对第一阶段模型识别得到模型进行回归分析，结果见表5－3。从表5－3可以看出，所有回归系数对应的t统计量都比较大，都在10%的水平上显著异于零，表明了国库现金

---

① 对国库现金流支出旬数据也做检验，发现其也没有自相关的经验证据及偏自相关的性质。

流支出与转移性支出、基金预算支出和国债兑付支出之间的稳定关系，调整 R^2 也达到了98.2%，拟合程度较好，解释变量对因变量的解释力很高，DW 统计量为 1.991 表明残差项并不存在序列相关，而且从表5-2中残差自相关系数 AC（3）和偏自相关系数 PAC（3）也可以看出自相关系数和偏自相关系数都迅速缩小，从而说明模型不存在差分和滞后阶数不足的情况，估计的模型较好地拟合了国库现金流支出的运动情况。

表 5-3　模型估计结果（因变量：国库现金流支出）

变量	系数	标准误	t-统计量	概率
fund_exp	1.003	0.005	186.083	0.000
debt_exp	1.008	0.021	47.500	0.000
transfer_exp	1.026	0.015	68.630	0.000
month11	261713.200	153601.700	1.704	0.089
month12	263570.100	133133.700	1.980	0.048
month21	316002.200	139611.800	2.263	0.024
month22	269692.200	140443.700	1.920	0.055
month31	278334.700	131086.800	2.123	0.034
month32	259093.300	132653.000	1.953	0.051
month33	218287.600	125538.200	1.739	0.083
month41	313394.000	135521.600	2.313	0.021
month42	347405.100	129835.700	2.676	0.008
month43	203644.600	126150.300	1.614	0.107
month51	421252.700	164047.200	2.568	0.010
month52	345367.300	132799.900	2.601	0.010
month53	251869.200	121614.300	2.071	0.039
month61	432133.600	137579.000	3.141	0.002
month62	438719.000	131361.500	3.340	0.001
month63	499451.200	132619.500	3.766	0.000
month71	478251.200	133266.200	3.589	0.000
month72	308310.900	130970.200	2.354	0.019
month73	272564.600	128292.800	2.125	0.034
month81	312649.000	130553.700	2.395	0.017
month82	338352.600	135981.700	2.488	0.013
month83	297650.100	124680.200	2.387	0.017
month91	452595.600	136624.500	3.313	0.001
month92	365728.100	130704.100	2.798	0.005

续表

变量	系数	标准误	t - 统计量	概率
month93	458410. 400	128863. 100	3. 557	0. 000
month101	529021. 600	169311. 500	3. 125	0. 002
month102	393020. 100	134291. 600	2. 927	0. 004
month103	346569. 500	125874. 400	2. 753	0. 006
month111	418844. 700	133392. 000	3. 140	0. 002
month112	518404. 300	133814. 500	3. 874	0. 000
month113	310037. 900	129257. 200	2. 399	0. 017
month121	650522. 200	134807. 700	4. 826	0. 000
month122	805459. 500	132937. 700	6. 059	0. 000
AR(2)	0. 096	0. 039	2. 499	0. 013
MA(4)	0. 138	0. 038	3. 690	0. 000
MA(21)	0. 191	0. 040	4. 796	0. 000
R^2	0. 983	因变量均值		1515846. 000
调整 R^2	0. 982	因变量标准差		3941430. 000
回归标准误差	530499. 200	AIC 统计量		29. 251
残差平方和	2. 010E + 14	SIC 统计量		29. 491
似然估计	– 10974. 160	F 统计量		1. 934
Durbin-Watson 统计量	1. 991	Prob(F 统计量)		0. 000

（3）模型诊断

模型的诊断主要通过对残差的检验来评价模型的各种性质。从表 5 - 2 可以发现残差项的自回归函数值 AC（3）和偏自回归函数值 PAC（3）都落在稳定区间内，从而没有违背白噪声的要求，进一步地，残差对应的博克斯 - 皮尔斯 Q 统计量（Box-Pierce）$Q_{BP} = n \sum_{j=1}^{K} r_j$ 的值也在表 5 - 2 中，它近似地服从卡方分布，根据检验表明残差为白噪声；对残差做正态性检验，雅克贝拉检验统计量（Jaque Bera）JB 的值也接受残差为正态分布的假设。由此可知，上述识别得到的国库现金流支出模型（见表 5 - 3）满足基本的检验要求，模型的估计系数为一致有效的。

第三节 中央财政国库现金流支出预测分析评价

用国库现金流支出数据作为预测样本，预测方法采用迭代 AR 预测法

（Stock and Watson，2003）。这里同样采用平均绝对误差百分数 MAPE 和 Theil 不等系数两个系数进行评价。如果采用向前一步预测法预测 2008 年 12 月度国库现金支出流，得到 Theil 不等系数为 0.055，如果采用迭代向前动态预测，那么得到 Theil 不等系数为 0.056，这些都表明了模型预测具有一定的准确性，可以为以后国库现金流支出预测提供参考。

　　然而，尽管上述得到了国库现金流支出预测模型，但这个模型与转移性支出、基金预算支出、国债兑付支出都息息相关，因而只有准确预测转移性支出、基金预算支出、国债兑付支出，才能运用上述模型预测国库现金流支出。为此，接下来将探讨转移性支出、基金预算支出、国债兑付支出的可预测性。

　　对于转移性支出而言，它是政府间一种补助，是以各级政府之间所存在的财政能力差异为基础，以实现各地公共服务水平均等化为主旨而实行的一种财政资金转移或财政平衡制度。在 1994 年实行分税制改革以后，为了解决地区收支均衡的问题，国家逐步试行了转移支付制度。转移支付分为体制补助、专项补助、税收返还及公式化补助，中央财政根据转移支付资金分配方案安排转移性支出。由此可见，随着公共财政体制改革的深化，中央财政对转移支付将具有较全面的支出信息，能够较准确测算未来转移支付，对于转移支付的准确预测也就成为可能。

　　与转移性支出相比，国债兑付支出预测相对简单，国债发行时就确定了发行期限，从而当期国债兑付是对以前发行到期国债的测算，因而国债兑付支出预测也就不难实现。

　　关于基金支出，它与其他支出不同，政府性基金是指各级人民政府及其所属部门根据法律、国家行政法规和中共中央、国务院有关文件的规定，为支持某项事业发展，按照国家规定程序批准，向公民、法人和其他组织征收的具有专项用途的资金，包括各种基金、资金、附加和专项收费。基金的支出本着"先收后支"的原则办理。财政部门办理各项基金支出的拨付，根据核定的支出预算及基金收入入库的进度办理，并保证用款单位的用款需要。财政部门对基金支出也有较全面的支出信息，尽管部门也有基金支出预算，但还要受制于基金收入进度，因而基金支出规律性可能相对较弱，这一点可以从图 5-9 至图 5-14 基金支出分类看出，主要基金支出并没有明显的规律特征，这也就表明在结构上从历史数据上难以对基金支出进行预测，由于基金支出波动对国库现金流支出影响较大，因而国库现金流支出预测由于基金支出的非规律性而产生较大误差，这就需要在未来的财政支出改革中，逐步规范基金支出制度，制定基金预算支出计划，为提高国库现金流支出预测力服务。

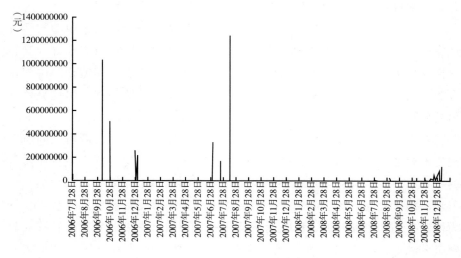

图 5 - 9　中央水利建设基金支出

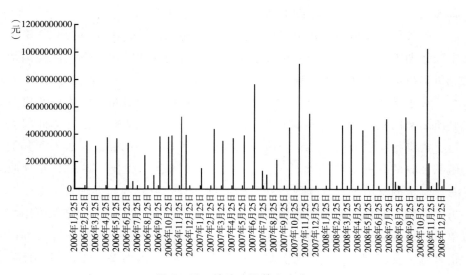

图 5 - 10　铁路建设基金支出

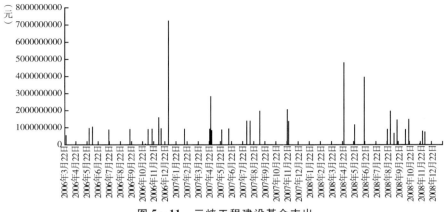

图 5 – 11　三峡工程建设基金支出

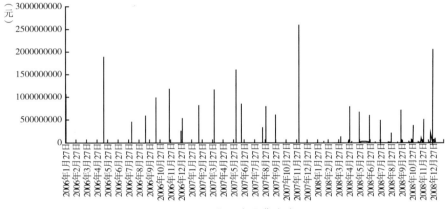

图 5 – 12　港口建设费支出

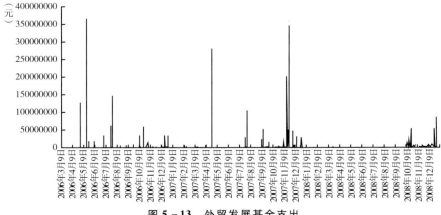

图 5 – 13　外贸发展基金支出

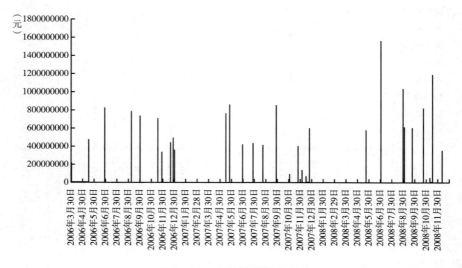

图 5 - 14 农网还贷资金支出

第六章

财政国库现金波动对货币政策效率的
影响：基于中国央行经理国库制度

中国当前实行的国库管理制度是中国人民银行经理国库制度，在此制度下，国库现金增减意味着社会资金流入或者流出国库，体现了社会资金在央行国库与个人、银行、企业等微观主体之间的转移情况，从而国库现金变化将直接影响非银行公众持有现金余额、金融机构准备金水平等货币变量，导致基础货币发生波动，最终将对货币供应量造成扰动（Kinley，1908；Hald，1956；Friedman and Schwartz，1963；Verbrugge，1973；Trask，2002）。图 6－1 给出了国库现金与货币供应量 M0 的走势，可以看出，国库现金季节性和周期性波动方向与货币供应量 M0 相反，这种现象在 2001 年以来更加明显，国库现金的拐点位置比货币供应量 M0 稍微提前，但拐点特征极为相似：国库现金处于下降阶段，货币供应量 M0 就表现为上升趋势；国库现金处于上升阶段，货币供应量 M0 就表现出下降的现象；而且随着国库现金季节性变化程度的增强，货币供应量 M0 也体现出变化方差越来越大的特点，波动幅度呈逐步增强的趋势（见图 6－1）。

上述理论与事实表明，我国国库现金存量和增量水平都在不断增大，国库现金对货币供给政策造成越来越大的影响，中央银行由于国库现金波动而表现出被动性。然而，国库现金影响货币供给的理论逻辑是什么？相关文献理论推导一般沿用弗里德曼和施瓦茨（Friedman-Schwartz）货币供给方程式，或者进行定性分析（贾康、阎坤和周雪

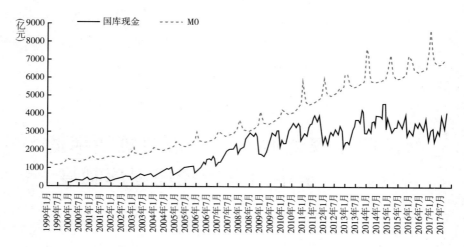

图 6 - 1 1999 年 1 月至 2017 年 7 月国库现金与货币供应量 M0 走势

飞，2003；何明霞，2004；王雪阳，2005），虽然还有其他分析框架，但基本思想相似，大都认为货币供给量受货币乘数和基础货币两个因素的制约，因而要考虑国库现金对货币供给的影响，除了研究国库现金与基础货币的关系外，还必须分析国库现金对货币乘数的影响。然而，货币乘数影响因素较为复杂，难以得出国库现金对货币乘数影响的显性结论。

对此，本章第一部分在中国央行经理国库背景下构架分析框架，较严密地论证国库现金与货币供应量的关系，较好地刻画了国库现金对货币供给政策的影响机制，并以中国财政国库现金数据作实证研究，主要实现两个目标，一是评价中国财政国库现金与货币供给之间的长期和短期动态关系，利用计量方法分析潜在的因果关系。从国库现金视角解释政府资产变化对货币政策效应的影响，拓宽传统研究大都局限于分析政府负债的视角。二是分析财政国库现金与货币政策有效性的关系，综合考察纳入财政国库现金变量后的货币政策有效性问题。第二部分是理论分析框架，第三部分是讨论数据与相关变量定义，第四部分是财政国库现金与货币供给的协整分析及动态效应评价，第五部分是财政国库现金、货币供给和货币政策有效性的多变量协整分析，最后是总结。

第一节　财政国库现金对货币供应量的影响
机制分析和实证方法选择

一　财政国库现金与基础货币的关系分析

财政国库现金与货币供应量的关系颇为复杂，不仅与具体的国库管理制度息息相关，而且与各国货币金融体系息息相关。我国现行的《中国人民银行法》和《中华人民共和国国家金库条例》都明确规定，中国人民银行经理国库，组织管理国库工作是人民银行的一项重要职责。在这种制度下，国库现金表现为中央银行对政府的负债，即体现为货币当局资产负债表中的政府存款项目。假设中央银行是唯一的货币发行机构①，设中央银行总负债为 TL，其中存款准备金为 TR，公众流通中现金为 C，政府存款即国库现金为 TD，其他负债为 OL，那么中央银行总负债表达式如式（1）所示：

$$TL = TD + TR + OL + C \qquad (1)$$

进一步假定中央银行总资产为 TA，那么依据总资产等于总负债的原则有：

$$TA = TL \qquad (2)$$

另外，根据基础货币的定义知道基础货币 B 的表达式就是：B = TR + C，从而根据方程（1）和方程（2）可以得到：

$$B = TR + C = TA - TD - OL \qquad (3)$$

由此可见：

$$\partial B / \partial(TD) = -1 < 0 \qquad (4)$$

这说明在其他条件不变的情况下，国库现金与基础货币呈反向关系，国库现金的增加和减少直接体现为基础货币的收缩和扩张，产生这种现象

---

① 美国财政部也发行货币，这里为讨论的简单性，仅仅考虑一个货币发行当局的情形，事实上考虑多个货币发行机构也不会影响结果。

的作用机制是：在中央银行经理国库的制度背景下，国库现金增加相当于公众手中的现金或者银行储备等社会资金流入央行国库，导致基础货币总量的下降，促使流通领域中可用资金的减少，相反地，国库现金下降意味着部分国库现金由央行国库返回流通领域，这相当于增加央行基础货币投放，促使社会流动性增强。国库现金对央行基础货币操作的影响程度随着国库现金变化量的不同而存在一定的差异，有时国库现金变化很大，可能完全对冲中央银行的基础货币操作，从而造成货币政策的无效性。

二　财政国库现金影响货币供应量的模型分析

上面得出国库现金与基础货币呈反向关系，然而国库现金与货币供应量之间的关系如何？是否也具有稳定的关系①？下面将构建一个分析框架，论证国库现金与货币供应量的关系，首先给出两个定义。

定义1：根据基期法定准备金率和当前存款负债计算出来的存款准备金额与在当前法定准备金率下实际要求的法定准备金之差，称为调整准备金数额（Reserve Adjustment Magnitude，RAM）；在此基础上，将调整准备金数额与原基础货币 B 之和称为调整的基础货币（Adjusted Monetary Base，AMB），即 AMB = B + RAM（Gilbert，1985；盛松成、施兵超和陈建安，2001）②。

调整准备金数额（RAM）的意义在于将法定准备金率变化的影响主要表现在调整的基础货币上，而不是体现为货币乘数的变化，因此法定准备金率变化对货币供应量的影响就跟法定准备率不变而改变原基础货币 B 所产生的影响一样。调整的基础货币（AMB）的意义在于法定准备金率变化对货币供应量的影响可以不通过货币乘数的变化来反映，而通过 AMB 的变化来反映。如果法定准备金率下降（或者上升），则 RAM 上升（或者下

---

① 尽管基础货币的变化将引起货币供应量的急剧变化，然而货币供应量不仅与基础货币有关，而且与货币乘数有关，国库现金变化既会引起基础货币的变化，也会导致货币乘数发生变化，因而国库现金与货币供应量的关系必须做进一步的研究。

② Gilbert（1985）提出这些概念的背景是由于货币当局只能依靠"三大政策"中的公开市场业务、再贷款和再贴现来改变基础货币，然而法定准备金政策只能改变货币乘数，却不能改变基础货币总额，这就给货币当局带来一定的麻烦，因为他们不能用单一的政策变量来衡量各种货币政策对货币供给量的影响，也难以直接比较各种货币政策的效果。美国经济学家为解决这一困难而提出了 AMB 和 RAM 这两个概念。

降），从而导致 AMB 上升（或者下降）。使用 RAM 和 AMB 这两个概念后，传统通过改变货币乘数或者基础货币影响货币供应量的各种央行货币供给政策唯一地通过调整后的基础货币 AMB 的变化来表现。借助这两个概念，国库现金与货币供应量关系的研究就可以不考虑货币乘数的影响。

　　然而，上述定义虽然给出了调整后的基础货币与法定准备金率之间的关系，但是却没有进一步区分活期存款法定准备金率和定期存款法定准备金率，而在实践过程中，这两种法定准备金率往往并不一样。对此，为了以下的研究更接近实际，本书分别定义了活期存款和定期存款准备金率对应的 RAM 和 AMB。

　　定义 2：根据基期活期存款法定准备金率和当前活期存款负债计算出来的存款准备金额与在当前活期存款法定准备金率下实际要求的活期存款法定准备金之差，称为活期调整准备金数额（Demand Reserve Adjustment Magnitude，DRAM）；在此基础上，将活期调整准备金数额与原基础货币 B 之和称为活期调整的基础货币（Demand Adjusted Monetary Base，DAMB），即 DAMB = B + DRAM；同样的将以上的活期换成定期就可以得到定期存款类似的概念，即定期调整准备金数额（Time Reserve Adjustment Magnitude，TRAM）；在此基础上，将定期调整准备金数额与原基础货币 B 之和称为定期调整的基础货币（Time Demand Adjusted Monetary Base，TAMB），即 TAMB = B + TRAM。

　　需要说明的是，定义 2 将活期与定期分别定义得到的调整基础货币 DAMB 和 TAMB 的意义与定义 1 中并不完全一样，这里的定义只是为了下面研究的需要，事实上可以发现定义 1 中的 AMB 和定义 2 中的 DRAM 和 TRAM 具有如下关系：AMB = B + DRAM + TRAM。

　　命题：在中央银行经理国库的制度背景下，国库现金与货币供应量呈反方向运动，国库现金增加将导致货币供应量的下降，国库现金下降将提高货币供应量水平。

　　证明：假设活期存款为 DS，定期存款为 TS，其他变量沿用前面的假设，则广义货币供应量 M[①] 为商业银行的定期存款、活期存款和非银行公众持有的通货 C 之和，具体的货币供应量与其他变量关系的模型为：

---

　　①　这里仅讨论广义货币供应量，比较具有一般性。

$$M = C + DS + TS \qquad (5)$$

根据定义 2 知道活期调整准备金数额 DRAM 上升就说明当前法定活期存款准备金率下降，因而有更多储备可以用于信贷，贷款增加将反过来引起存款水平的上升，从而导致 $\partial(DS)/\partial(DRAM) > 0$[①]；此外，根据活期调整的基础货币 DAMB 的定义可以知道，DAMB = B + DRAM，因而 DAMB 增加意味着中央银行基础货币供给变动 ΔB 和法定准备金变动导致的商业银行超额准备金变化 ΔDRAM 的净效应为正，这表示商业银行有多余的准备金可以用于信贷扩张，促使信贷水平上升，进而将反过来引起存款水平上升，从而有：

$$\partial(DS)/\partial(DAMB) > 0 \qquad (6)$$

同样地，对于定期存款也可以得出类似的结论，即 $\partial(TS)/\partial(TRAM) > 0$，进而由 TAMB = B + TRA 可得：

$$\partial(TS)/\partial(TAMB) > 0 \qquad (7)$$

接下来研究国库现金与调整的基础货币的关系。由式（4）知道国库现金增加意味着基础货币 B 的下降，即 $\partial B/\partial(TD) = -1 < 0$，但由于法定存款准备金的变化是由法律规定的变动引起的，与国库现金的变化没有关系，这对于活期存款和定期存款来说都是一样的，因而有 $\partial(DRAM)/\partial(TD) = 0$ 和 $\partial(TRAM)/\partial(TD) = 0$，从而由 DAMB = B + DRAM 可以得到 $\partial(DAMB)/\partial(TD) = \partial B/\partial(TD) + \partial(DRAM)/\partial(TD) = \partial B/\partial(TD) + 0 = \partial B/\partial(TD) = -1 < 0$，同理可以得到 $\partial(TAMB)/\partial(TD) = \partial B/\partial(TD) + \partial(TRAM)/\partial(TD) = \partial B/\partial(TD) + 0 = \partial B/\partial(TD) = -1 < 0$，即：

$$\partial(DAMB)/\partial(TD) < 0 \qquad (8)$$

$$\partial(TAMB)/\partial(TD) < 0 \qquad (9)$$

从而由式（6）、式（7）、式（8）和式（9）可以进一步得出活期存款、定期存款和国库现金的关系：$\partial(DS)/\partial(TD) = \partial(DS)/\partial(DAMB) \times \partial(DAMB)/\partial(TD) < 0$，以及 $\partial(TS)/\partial(TD) = \partial(TS)/\partial(TAMB) \times \partial$

---

① 这里使用偏导数的主要原因在于：活期存款是 DRAM 等变量的复合函数。

（TAMB）$/\partial$（TD）<0。

这说明了国库现金的增加导致活期存款与定期存款的下降[①]，即：

$$\partial(DS)/\partial(TD) < 0 \qquad\qquad (10)$$

$$\partial(TS)/\partial(TD) < 0 \qquad\qquad (11)$$

从式（5）的货币供应量表达式可以看出，要研究国库现金与货币供应量的关系，还必须分析非银行公众持有的通货与国库现金的关系。由式（4）知道国库现金的增加意味着基础货币 B 的下降，而基础货币 B 是非银行公众持有的通货与商业银行的准备金之和。进一步地，国库现金来源于税收、非税收入以及债务收入等几个方面，因而国库现金增加导致的基础货币下降要么源于非银行公众持有的通货下降，要么是源于商业银行准备金的减少，或者是这两者都下降，这三种情况必居其一，综合这些情况可以得出：

$$\partial(C)/\partial(TD) \leqslant 0 \qquad\qquad (12)$$

即国库现金的增加是由于公众或者银行上缴税款等财政行为综合作用的结果，而这个过程中非银行公众的手持通货是非增的，这与现实也比较吻合。根据式（5）、式（10）、式（11）和式（12）可以得到：

$$\partial(M)/\partial(TD) = \partial(C)/\partial(TD) + \partial(DS)/\partial(TD)$$
$$+ \partial(TS)/\partial(TD) < 0，即\partial M/\partial(TD) < 0 \qquad (13)$$

式（13）表明了国库现金与货币供应量之间的反向偏导关系，这说明了在中央银行经理国库的制度背景下，国库现金与货币供应量呈反方向运

---

① 按照上面的证明，可能会存在这样的争议：用基础货币 B 代替调整的基础货币可能更为简单，但问题是 $\partial(DS)/\partial(TD) = \partial(DS)/\partial B \times \partial B/\partial(TD) < 0$ 能成立吗？虽然从前面的推导知道 $\partial B/\partial(TD) < 0$，但 $\partial(DS)/\partial B > 0$ 却未必成立，因为基础货币 B 的增加可能是由于存款法定准备金率上升而导致商业银行向中央银行借更多的资金来满足，从而促使基础货币 B 的上升，但是在这种情况下无法增加商业银行的信贷，甚至导致资金的收缩从而存款数量下降，因而 $\partial(DS)/\partial B > 0$ 无法成立，从而 $\partial(DS)/\partial(TD) = \partial(DS)/\partial B \times \partial B/\partial(TD) < 0$ 也就无法成立。对此，活期调整的基础货币 DAMB 却很好地解决了这个问题，因为如果法定准备金率上升导致了基础货币 B 的提高，但同时也导致了活期调整准备金数额 DRAM 的下降，这两个方面相互抵消，从而对于活期调整的基础货币 DAMB 来说并没有影响，活期调整基础货币 DAMB 的提高表明了银行确实有更多的超额储备用于信贷，从而也将由此创造更多的存款，于是有以下的结论成立：$\partial(DS)/\partial(TD) = \partial(DS)/\partial(DAMB) \times \partial(DAMB)/\partial(TD) < 0$，对于定期存款也是如此。

动，国库现金增加将导致货币供应量下降，国库现金下降将提高货币供应量水平，因而命题结论得以证明。

三 财政国库现金对货币供给影响的实证分析方法选择

上面从理论上得出国库现金对货币供应量中介目标的影响机制，但在实证分析中如何评价国库现金对货币供应量的影响？ Friedman 和 Kuttner（1992）运用协整方法研究发现货币供应量不存在协整关系的证据，从而说明不存在包含误差修正项的短期动态货币需求模型，货币需求不具有内在调节机制，因而货币供应量不再适用于货币政策中介目标。相反地，Feldstein 和 Stock（1993）在他们的分析框架中研究发现 M2 与其他变量存在协整关系，结果表明 M2 仍然是真实经济行为的有用指标。协整分析方法已经成为研究宏观经济政策特别是货币政策的重要实证分析方法，本书旨在研究国库现金对货币供应量中介目标的影响，因此，也将采用协整分析方法研究国库现金与货币供应量的关系。

四 实证研究的数据描述和变量定义

我们根据研究需要选取如下变量：狭义货币供应量 M1、广义货币供应量 M2、国内生产总值 GDP、国库现金① Treasury 和商品零售价格指数 P，先将样本定为 1994～2005 年的季度数据，数据来源于中经网数据库、《中国人民银行统计季报》、《中国金融统计年鉴》、《中国统计年鉴》和中国人民银行网站公布的信息。选取 2005 年作为最后时间节点的原因在于，2006年 6 月，财政部、中国人民银行《关于印发〈中央国库现金管理暂行办法〉的通知》（财库〔2006〕37 号），此后财政部开始开展以商业银行存款为主要手段的国库现金管理运作，每期的运作数额达到了几百亿元，此举对央行财政国库现金波动产生了外生冲击，此后的数据与之前的存在一定的可比性问题。

另外，选取 1994 年作为起始时间的原因在于保证制度的连续性，这主

---

① 本书所研究的国库是指全国国库，即中央和地方国库总额，由于我国中央银行实行垂直管理，所以采用全国国库的范畴不仅在理论上有意义，而且也具有现实意义。

要体现为两方面的原因：一是 1993 年 12 月 25 日《国务院关于金融体制改革的决定》正式下发，文件要求"财政部停止向中国人民银行借款，财政预算先支后收的头寸短缺靠短期国债解决，财政赤字通过发行国债弥补"，1994 年后财政透支不再是弥补财政赤字的方式，因而此后的国库现金数据可比；二是中国人民银行 1994 年才开始明确对外公布货币供应量信息。为了反映数据的总体特征，这里将数据用 X－12 程序进行季节调整；此外，为了使不同时期的数据可比，名义变量都进行了价格指数 P 的缩减，同时对相应变量取对数，消除潜在的异方差问题（Stock and Watlson，2003），具体定义如下。

$\ln m_1 = \ln(M1/P)$，$\ln m_1$ 表示实际狭义货币供应量 m_1 的对数，$M1$ 为名义狭义货币供给量。

$\ln m_2 = \ln(M2/P)$，$\ln m_2$ 表示实际广义货币供应量 m_2 的对数，$M2$ 为名义广义货币供给量。

$\ln q = \ln(GDP/P)$，$\ln q$ 表示实际国内生产总值的对数。

$\ln treasury = \ln(treasury/P)$，$\ln treasury$ 表示实际国库现金的对数。

第二节　财政国库现金与货币供给协整分析及动态效应评价

一　变量间协整检验和误差修正模型的估计

单位根检验常用的有两种方法：扩展的 Dickey-Fuller 单位根检验方法（ADF）和 Phillips-Perron（PP）方法。ADF 方法是 Dickey 和 Fuller（1979，1981）在传统的 DF 方法上为校正自相关而在方程中加入变量滞后项的判别方法，该检验将数据类型推广到非 AR（1）类型；而 PP 方法主要特点在于：Phillips 和 Perron（1988）采用非参数方法估计长期方差，将单位根检验推广到误差项序列相关和可能存在异方差的情形。在实际的单位根检验中，一般将 ADF 与 PP 检验结合使用，给出更客观的结果，这里也采用 ADF 和 PP 两种方法检验 $\ln m_1$、$\ln m_2$、$\ln treasury$ 和 $\ln q$ 的单位根问题。从表 6－1 可以看出，狭义货币供应量、广义货币供应量、国库现金和国内生产总值的对应变量采用扩展的 Dickey-Fuller 单位根检验与 PP 单位根检验结论一致，都接受一个单位根的零假设，但是变量的一阶差分都拒绝存在单位根，这表明了变量均为单位根 I（1）过程，即向量（$\ln m_1$，$\ln m_2$，$\ln treasury$，$\ln q$）~I（1）。

表 6 – 1   变量的单位根检验

变量	检验类型（C,t）	ADF(K)	临界值	PP	临界值	结论
$\ln m_1$	（0,0）	ADF(0) = 11.96	– 1.94	8.62	– 1.95	I(1)
$\Delta \ln m_1$	（0,0）	ADF(0) = – 2.59	– 1.94	– 2.36	– 1.95	
$\ln m_2$	（0,0）	ADF(5) = 2.26	– 1.95	6.56	– 1.95	I(1)
$\Delta \ln m_2$	（0,0）	ADF(4) = – 2.14	– 1.95	– 2.01	– 1.95	
$\ln treasury$	（1,0）	ADF(2) = – 0.59	– 2.93	– 0.83	– 2.93	I(1)
$\Delta \ln treasury$	（1,0）	ADF(1) = – 6.98	– 2.93	– 10.64	– 2.93	
$\ln q$	（1,0）	ADF(0) = – 1.82	– 2.93	– 1.66	– 2.93	I(1)
$\Delta \ln q$	（1,0）	ADF(0) = – 5.97	– 2.93	– 5.96	– 2.93	

注：（C，t）分别表示是否含有常数项，趋势项，1 表示含有，0 代表不包含；ADF（K）中的 K 表示滞后阶数，基于 AIC 和 BIC 值选取。Δ 表示变量的一阶差分，临界值表示显著性水平为 5% 的临界值，I（1）代表变量含有一个单位根。PP 表示 Phillips 和 Perron 的非参数检验。

二   国库现金与货币供给的协整分析

单位根的存在说明变量的非平稳性，从而不能直接对变量 $\ln m_1$、$\ln m_2$、$\ln treasury$ 和 $\ln q$ 进行 OLS 回归分析，否则容易造成伪回归的结果（Hamilton，1994）。然而，单个变量虽然是非平稳的一阶单整序列，但它们之间却可能存在某种平稳的线性组合，这种线性组合反映了变量之间长期稳定的关系，即协整关系。对此，接下来将对变量作协整分析。在进行 Johansen 协整检验之前，必须为待检验的变量组成的 VAR 系统选择准确的滞后阶数，并且确保误差扰动项近似为白噪声。这里使用 AIC 准则（Akaike Information Criterion）和 SIC 准则（Schwarz Information Criterion）作为模型滞后阶数的选择标准，如果 AIC 与 BIC 准则得出的结果互相矛盾从而无法给出一致的结论，那么就用似然比 LR 统计量权衡滞后阶数的选择。在此基础上，结合 Jaque-beta 和 Box-Pierce Q 统计量 $Q_{BP} = n \sum_{j=1}^{K} r_j$ 对扰动项的正态性进行检验。根据这些原则选择的系统滞后阶数分别为：第 1、2 个系统滞后为 2 阶，第 3、4 个系统滞后为 1 阶，第 5 个系统滞后为 5 阶（见表 6 – 2）。

表 6 - 2 变量间的 Johansen 协整检验结果

系统	变量	H_0	H_A	τ_t	临界值	结论	估计
1	$(\ln m_1, \ln treasury)'$	$r = 0$ $r \leqslant 1$	$r \geqslant 1$ $r \geqslant 2$	20.22 1.36	15.49 3.84	$r = 1$	$\hat\beta = (1, -0.49, -6.82)'$ * $\hat\alpha = (-0.07, 0.08)'$
2	$(\ln m_2, \ln treasury)'$	$r = 0$ $r \leqslant 1$	$r \geqslant 1$ $r \geqslant 2$	33.60 0.58	15.49 3.84	$r = 1$	$\hat\beta = (1, -0.63, -6.75)'$ * $\hat\alpha = (-0.13, -0.02)'$
3	$(\ln treasury, \ln q)'$	$r = 0$ $r \leqslant 1$	$r \geqslant 1$ $r \geqslant 2$	10.27 0.43	15.49 3.84	$r = 0$	
4	$(\ln m_1, \ln q)'$	$r = 0$ $r \leqslant 1$	$r \geqslant 1$ $r \geqslant 2$	13.96 2.07	15.49 3.84	$r = 0$	
5	$(\ln m_2, \ln q)'$	$r = 0$ $r \leqslant 1$	$r \geqslant 1$ $r \geqslant 2$	8.29 2.03	15.49 3.84	$r = 0$	

注：r 表示协整个数，H_0 表示零假设，H_A 表示备择假设，临界值表示显著性水平为 5% 的临界值，$\hat\beta$ 和 $\hat\alpha$ 分别为协整向量和调整向量，* 表示系数在 5% 的水平上显著。

从表 6 - 2 可以看出，国库现金与狭义货币供应量组成的系统 $(\ln m_1,$ $\ln treasury)'$ 对应的零个协整关系 $r = 0$ 的迹统计量大于临界值，即 $\tau_t = 20.22 >$ 15.49，这表明至少存在一个协整关系，即 $r \geqslant 1$，但是对于 $r \leqslant 1$ 的零假设而言，迹统计量 $\tau_t = 1.36 < 3.84$，无法拒绝零假设，从而表明国库现金与狭义货币供应量系统 $(\ln m_1, \ln treasury)'$ 存在一个协整关系。同样地，我们可以看出国库现金与广义货币供应量系统 $(\ln m_2, \ln treasury)'$ 也存在一个协整关系。按照协整估计方法得到的狭义货币供应量、广义货币供应量与国库现金之间的协整向量分别为 $\hat\beta = (1, -0.49, -6.82)'$、$\hat\beta = (1, -0.63, -6.75)'$，从而可以将国库现金与狭义、广义货币供应量的协整关系分别表示为：

$$\ln m_{1t} = 6.82 + 0.49\ln treasury_t + \mu_{1t}$$
$$(7.54)$$
$$(14)$$

$$\ln m_{2t} = 6.75 + 0.63\ln treasury_t + \mu_{2t}$$
$$(21.60)$$
$$(15)$$

μ_{1t}，μ_{2t} 表示长期稳定的偏差（方程括号里对应的数字是系数的 t 统计量，以下同）。由此可以看出，从长期趋势来考察，国库现金与货币供应量具有正向关系。这与前面文献回顾中传统理论得出的国库现金与货币供应量呈反向关系的结论相左，这说明了传统理论与现实的差距所在。产生这种现象的主要原因，一方面是由于近年来我国外汇储备急剧上升，货币供应量表现出强内生性，导致国库现金增长所造成的基础货币收缩被巨大的外汇增长带来的基础货币投放所抵消了；另一方面也表明了我国转轨过程的制度内生性：虽然 1994 年以后财政部门不能再向中央银行借款和透支，但是中央银行仍然通过间接持有国债以及发行大量货币产生了巨大的铸币税以满足近年来的财政扩张需求，国库现金的增量部分在一定程度上来源于债务收入和货币收入，而不是源于社会资金的收缩，所以从长期来看货币供应量与国库现金没有发生反方向运动。这些分析都是协整关系所体现的长期情况，而对于短期，货币供应量是与国库现金的关系是否也是如此呢？由于国库现金与货币供应量存在协整关系，因而按照格兰杰表示定理可以得到国库现金与狭义、广义货币供应量的短期动态向量误差修正方程（VECM）分别为：

$$
\begin{aligned}
\Delta(\ln m_{1t}) = \ 0.06 \ &- \ 0.07 \times \mu_{1t-1} - 0.14 \times \Delta(\ln m_{1t-1}) - 0.21 \times \Delta(\ln m_{1t-2}) \\
& \quad (-4.3) \qquad\quad (-6.67) \qquad\qquad\quad (-3.16) \\
& + 0.23 \times \Delta(\ln treasury_{t-1}) - 0.31 \times \Delta(\ln treasury_{t-2}) + \varepsilon_{1t} \\
& \quad (3.86) \qquad\qquad\qquad (-5.32)
\end{aligned} \tag{16}
$$

$$
\begin{aligned}
\Delta(\ln m_{2t}) = \ 0.05 \ &- \ 0.13 \times \mu_{2t-1} - 0.11 \times \Delta(\ln m_{2t-1}) - 0.17 \times \Delta(\ln m_{2t-2}) \\
& \quad (-6.49) \qquad\quad (-3.67) \qquad\qquad\quad (-4.16) \\
& - 0.19 \times \Delta(\ln treasury_{t-1}) - 0.13 \times \Delta(\ln treasury_{t-2}) + \varepsilon_{2t} \\
& \quad (-5.86) \qquad\qquad\qquad (-3.36)
\end{aligned} \tag{17}
$$

其中 μ_{1t-1}、μ_{2t-1} 表示方程（14）、方程（15）体现的误差修正项（ECM），Δ 表示一阶差分，ε_{1t}、ε_{2t} 表示模型的误差扰动项。由方程（16）和方程（17）可以看出，两个短期动态方程对应的国库现金变量 $\ln treasury$ 滞后项的系数都是负数，而且 t 检验发现国库现金变量滞后项的系数都在 5% 的水平上显著异于零，从而短期内国库现金变化与货币供给变化呈反向运动关系；另外，进一步检验发现，方程（16）的国库现金变量所有滞后项系数都为零的联合 F 检验统计量为 3.02，对应 P 值为 0.02，方程（17）的国库现金变量所有滞后项系数都为零的联合 F 检验统计量为 2.92，P 值为 0.02，这些说明了国库现金变量所有滞后项系数联合显著异于零，因而，国库现金波动将引起货币供给的显著变化。综合前面这些分析可以看出，短期内国库现金变化引起货币供给发生显著的反向变化，即短期内国库现金的增加导致货币供应量发生显著的收缩，国库现金的减少导致货币供应量发生显著扩张。

三　格兰杰因果检验

上面通过协整分析揭示了国库现金与货币供应量之间的长期和短期动态关系，但这并没有揭示潜在的因果性，为了更好地研究国库现金与货币供应量的关系，有必要对变量之间的因果关系进行检验，这里采用格兰杰因果检验方法进行判断。由于格兰杰因果检验要求时间序列平稳的条件，但 $\ln m_1$，$\ln m_2$ 和 $\ln treasury$ 都是非平稳时间序列，所以不能直接进行格兰杰因果关系检验，对此，Engle 和 Granger（1987）指出如果变量之间存在协整关系，那么可以建立包含误差修正项在内的向量误差修正模型（VECM），以此来研究潜在的因果关系。因而，这里采用基于 VECM 的格兰杰因果检验，结果如表 6 – 3 所示。

表 6 – 3　狭义、广义货币供应量与国库现金之间的格兰杰因果关系检验

零假设 H_0	F 统计量	P 值
狭义货币供应量不是国库现金的因	1.06	0.42
国库现金不是狭义货币供应量的因	3.35	0.01
广义货币供应量不是国库现金的因	0.75	0.63
国库现金不是广义货币供应量的因	4.03	0.00

从表 6 – 3 可以看出狭义货币供应量和广义货币供应量都不是国库现金的格兰杰因，但是对于国库现金不是狭义货币供应量或者广义货币供应量格兰杰因的零假设，都在 1% 的水平上拒绝零假设，说明了国库现金既是狭义货币供应量的格兰杰因，也是广义货币供应量的格兰杰因。

四　方差分解和脉冲响应

国库现金是货币供应量的格兰杰因，国库现金的短期波动造成货币供应量短期的动态变化，然而，国库现金影响货币供应量的程度如何？国库现金对货币供应量波动具有多少解释力？这就必须诉诸于动态系统的方差分解和脉冲响应。我们首先采用 Choleski 正交化处理，去除残差项彼此之间的同期相关和序列相关，然后进行方差分解，具体结果见表 6 – 4、表 6 – 5。

表 6 – 4　狭义货币供应量 lnm_1的方差分解

期数	标准差	lnm_1	lntreasury	期数	标准差	lnm_1	lntreasury
1	0.02	82.24	17.76	6	0.03	79.79	20.21
2	0.02	77.81	22.19	7	0.03	80.29	19.71
3	0.02	81.51	18.49	8	0.03	75.33	24.67
4	0.03	79.35	20.65	9	0.03	71.29	28.71
5	0.03	78.46	21.54	10	0.04	63.93	36.07

表 6 – 5　广义货币供应量 lnm_2的方差分解

期数	标准差	lnm_1	lntreasury	期数	标准差	lnm_1	lntreasury
1	0.01	95.73	4.27	6	0.02	62.03	37.97
2	0.01	94.22	5.78	7	0.03	51.03	48.97
3	0.02	95.09	4.91	8	0.03	37.84	62.16
4	0.02	88.37	11.63	9	0.04	35.40	64.60
5	0.02	72.21	27.79	10	0.04	33.78	66.22

从表 5 可以发现短期内（1～3 期）狭义货币供应量 lnm_1从它自身以及模型以外的变量得到的解释力为 80% 左右，而国库现金对其的解释力为 20% 左右，随着期数的增加，国库现金对货币供应量的解释力不断上升。由表 6 – 5 可以发现，短期内国库现金对广义货币供应量的解释力很低，广义货币供应量从它自身以及模型以外的变量得到大部分的解释力，但是从第 5 期开始，国库现金对广义货币供应量变动的解释力迅速上升，到第 10 期时达到了 66%，解释力达三分之二强。由此可见，国库现金对货币供应量产生了显著影响，其中对广义货币供应量的滞后影响比狭义货币供应量强，可能的原因在于广义货币供应量的流动性比狭义货币供应量低，从而导致国库现金对其影响的表现较为滞后。

尽管方差分解给出了国库现金对狭义和广义货币供应量的解释力，但若想进一步分析各变量发生自发性扰动时，对货币供应量的影响，那么就需要利用脉冲响应方法分析货币供应量对国库现金冲击后的反应情况，脉冲响应分析具体结果见图 6 – 2 和图 6 – 3。如图 6 – 2 所示，狭义货币供应量对其自身的一个标准差新息立刻有较强反应，之后略有下降，狭义货币供应量对来自国库现金的新息在第一期只有较小的反应，但是在后面几期却受到越来越大的持续影响。从图 6-3 可看出广义货币供应量对其自身的一个标准差新息立刻有一定反应，但较狭义货币供应量对自身的反应弱，此后逐步下降；广义货币供应量对来自国库现金的新息起初几乎没有反应，但之后强度越来越大甚至超过了广义货币供应量对自身的脉冲响应。由此可见，国库现金对狭义货币供应量造成了一定的冲击性，而对广义货币供应量造成了很大的冲击性，这和我们前面的分析结果一致。

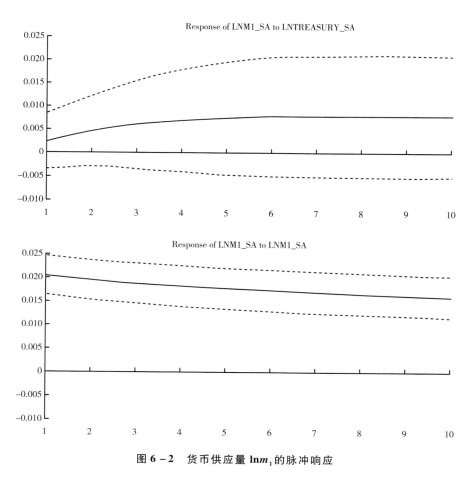

图 6-2 货币供应量 lnm$_1$ 的脉冲响应

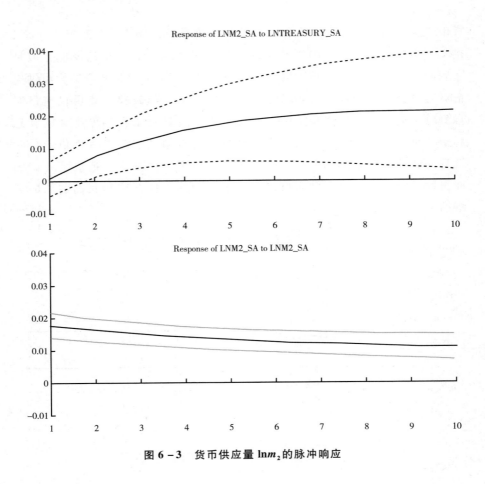

图 6 - 3　货币供应量 $\ln m_2$ 的脉冲响应

第三节　国库现金、货币供给和货币政策
有效性的多变量协整分析

由于我国将货币供应量确定为货币政策中介目标，但从上面的研究知道，国库现金是货币供应量的格兰杰因，国库现金波动引起货币供给的变动，所以国库现金可能影响货币政策的有效性，国库现金的不规则变动可能是导致货币政策无效的一种解释。然而，要对国库现金与货币政策有效性问题做出确切的判断，首先必须对货币政策的有效性进行评价，并在此基础上分析纳入国库现金变量后的货币政策有效性问题，然后对两者的作用效果进行比较才能得出结论。

一　货币政策有效性评价

货币政策有效性体现为货币当局通过货币政策工具对经济实际变量产生的积极影响，我国货币政策中介目标是货币供应量，最终目标是保持币值稳定，并以此促进经济增长（黄达，1999），因而货币政策有效性评价从一个侧面表现为货币供应量与经济增长变量之间的相关性。对于货币供应量与经济增长的相关性问题，学术界有很多的研究，但观点却并不一致。吴晶妹（2002）以相关分析和回归分析作为主要分析方法，分析了我国货币供应量增长率与 GDP 增长率之间的相关性，她的研究表明 M1 增长率对 GDP 增长率没有显著影响，而 M0 与 M2 增长率对 GDP 增长率的影响却比较显著。范从来（2004）研究表明 GDP 对来自 M2 与 M1 的作用都能产生比较迅速而敏感的反应，从而表明我国货币供应量与经济总量之间存在较强的相关性。

为了更客观地评价货币供应量与经济增长的相关性，这里将对货币供应量的相关性进行重新分析，与上述学者研究不同的是，这里采用的是季度样本数据而不是年度数据，时间跨度较长，样本数据比以前的研究更宽。这里使用协整分析方法，对 $\ln m_1$、$\ln m_2$ 与 $\ln q$ 进行分析。根据 AIC、SIC 和 LR 标准选择滞后阶数，对 $(\ln m_1, \ln q)'$ 系统选取滞后阶数为 1 阶，而 $(\ln m_2, \ln q)'$ 选择 5 阶，分析结果见表 6 - 2。从表 6 - 2 可以发现，不管是狭义货币供应量还是广义货币供应量，都与 $\ln q$ 不存在协整关系，说明货币供应量与经济增长之间不存在长期的稳定关系，这从一个侧面反映了我国货币政策有效性较弱的事实。

二　国库现金、货币供应量和经济增长三变量协整分析

由上面的分析知道，我国货币政策有效性较弱，其潜在的原因可能是货币供应量并不足以作为我国的货币政策中介目标，货币供应量由于受到国库现金波动等因素的影响，弱化了其与经济增长之间的联系。因而潜在的一个假说是，将国库现金和货币供应量一起作为货币政策中介目标体系，如果这个中介目标体系与经济增长存在稳定的协整关系，那么国库现金与货币政策有效性之间就存在密切的关系，货币当局将国库现金变量纳入中介目标监控体系，将有助于提高货币政策有效性，反之，货币当局将

由于国库现金不规则波动而表现出被动性和低效率。基于这些考虑，这里将国库现金纳入货币供应量与经济增长的系统，进行多变量的协整分析，具体结果见表 6-6。

表 6-6　国库现金、货币供应量与经济增长三变量之间的 Johansen 协整检验结果

变量	H_0	H_A	τ_t	临界值	结论	估计
$(\ln treasury, \ln m_1, \ln q)'$	$r = 0$	$r \geqslant 1$	32.96	29.80		$\beta = (1, -1.72, -0.56, 4.54)$
	$r \leqslant 1$	$r \geqslant 2$	14.78	15.49	$r = 1$	
	$r \leqslant 2$	$r \geqslant 3$	2.52	3.84		$\alpha = (-0.29, 0.04, 0.14)$
$(\ln treasury, \ln m_2, \ln q)'$	$r = 0$	$r \geqslant 1$	35.47	29.8		$\beta = (1, -2.31, 1.15, 6.83)$
	$r \leqslant 1$	$r \geqslant 2$	10.51	15.49	$r = 1$	
	$r \leqslant 2$	$r \geqslant 3$	1.45	3.84		$\alpha = (-0.12, 0.07, 0.03)$

注：r 表示协整个数，H_0 表示零假设，H_A 表示备择假设，临界值表示显著性水平为 5% 的临界值，β 为 α 分别为估计系数和调整系数。运用 AIC 和 SIC 准则选择两个系统滞后阶数都为 1 阶，使用误差修正项中含有常数项和短期动态方程中含有常数项的一般情形进行检验。

从表 6-6 可以看出，不管是狭义货币供应量还是广义货币供应量，国库现金、货币供应量与经济增长三变量组成的系统都具有唯一的协整关系：

$$\ln treasury_t = -4.54 + 1.72 \ln m_{1t} + 0.56 \ln gdp_t + v_{1t}$$
$$(5.12) \qquad\qquad (3.16) \qquad\qquad (18)$$

$$\ln treasury_t = -6.83 + 2.31 \ln m_{2t} - 1.15 \ln gdp_t + v_{2t}$$
$$(5.25) \qquad\qquad (-3.55) \qquad\qquad (19)$$

其中 v_{1t}、v_{2t} 表示长期稳定的偏差。这表明国库现金、货币供应量与经济增长三变量表现出长期的稳定性，由原来的货币供应量与经济增长两变量之间的不稳定转变到三变量的协整关系。根据格兰杰表示定理知道存在协整关系的变量可以用向量误差修正模型（VECM）来表示，因此按照 VECM 估计方法可以得到狭义货币供应量、广义货币供应量和经济增长变量的短期动态方程：

$$\Delta \ln m_{1t} = 0.072 + 0.928 \times v_{1t-1} + 0.587 \times \Delta \ln treasury_{t-1}$$
$$(1.27) \qquad\quad (3.93)$$
$$+ 0.688 \times \Delta \ln m_{1t-1} - 0.985 \times \Delta \ln gdp_{t-1} + \varepsilon_{1t} \qquad (20)$$
$$(3.98) \qquad\qquad (-4.26)$$

$$\Delta \ln gdp_t = 0.092 + 0.644 \times \nu_{1t-1} - 1.15 \times \Delta \ln treasury_{t-1}$$
$$(3.35) \qquad (-5.76)$$
$$+ 0.798 \times \Delta \ln m_{1t-1} - 0.877 \times \Delta \ln gdp_{t-1} + \varepsilon_{2t} \tag{21}$$
$$(3.75) \qquad (-4.89)$$

$$\Delta \ln m_{2t} = 0.132 + 0.173 \times \nu_{2t-1} + 0.605 \times \Delta \ln treasury_{t-1}$$
$$(0.67) \qquad (4.69)$$
$$+ 0.187 \times \Delta \ln m_{2t-1} - 0.236 \times \Delta \ln gdp_{t-1} + \eta_{1t} \tag{22}$$
$$(3.96) \qquad (-4.42)$$

$$\Delta \ln gdp_t = 0.098 + 0.396 \times \nu_{2t-1} + 0.87 \times \Delta \ln treasury_{t-1}$$
$$(3.67) \qquad (4.45)$$
$$+ 0.9 \times \Delta \ln m_{2t-1} - 0.254 \times \Delta \ln gdp_{t-1} + \eta_{2t} \tag{23}$$
$$(5.12) \qquad (-3.89)$$

其中，ν_{1t-1}、ν_{2t-1} 分别表示方程（18）、方程（19）体现的误差修正项，Δ 表示一阶差分，ε_{1t}、ε_{2t}、η_{1t} 和 η_{2t} 分别表示误差修正模型（20）~（23）的误差扰动项。从方程（19）和方程（23）可以看出，协整关系（18）（即 ν_{1t-1}）和协整关系（19）（即 ν_{2t-1}）对于经济增长产生促进效应，并且其系数显著异于 0，促进经济增长的效果显著；同样地，从方程（20）和方程（22）知道其对应的误差修正项系数不显著，协整关系（18）和协整关系（19）对货币供应量不会产生显著的影响。这表明三变量系统的协整关系对经济增长（Δq）具有正向调节作用，而且其对应调整系数都在 5% 的水平上显著异于 0，说明国库现金和货币供应量的结合对经济增长有显著的促进作用。但同时也发现了协整关系对货币供应量没有产生显著的抑制作用，检验其调整系数的显著性发现系数在 5% 的水平上均不显著，这表明长期协整关系对物价不会产生显著的影响。这些都符合我国中央银行所确定的货币政策目标：保持币值稳定，并以此促进经济增长。

综上所述，国库现金、货币供应量和经济增长三变量之间具有稳定的协整关系，这个关系对经济增长具有正向调节作用，对物价水平不会产生显著的影响，因而，国库现金与货币政策有效性存在密切的关系，货币当局将国库现金变量纳入中介目标监控体系，将有助于提高货币政策有效性，反之，货币当局将由于国库现金不规则波动而表现出被动性和低效率，国库现金成为财政政策与货币政策新的结合点。

　　本章研究表明，随着我国财政收支水平和经济发展水平的不断提高，国库现金增量水平不断上升，国库现金对货币政策效应的影响日益显著。研究表明国库现金与货币供应量之间具有长期的协整关系，国库现金是货币供应量的格兰杰因，短期内国库现金变动会使货币供应量发生显著波动，国库现金对货币供应量的方差分解有很大的解释力，而且货币供应量对国库现金的脉冲响应很强烈，这些事实都说明了货币供应量作为中介目标的可控性明显减弱了；进一步的研究表明货币供应量与经济增长并不存在长期的协整关系，货币政策出现低效率的现象。但是，研究也发现国库现金、货币供应量和经济增长三变量之间具有稳定的协整关系，这个关系对经济增长具有正向调节作用，对物价水平不会产生显著的影响，因而，国库现金与货币政策有效性存在密切的关系，货币当局将国库现金变量纳入中介目标监控体系，将有助于提高货币政策有效性，反之，货币当局将由于国库现金不规则波动而表现出被动性和低效率，国库现金成为财政政策与货币政策新的结合点。

第七章
财政国库现金转存商业银行
对货币政策效率的影响

我国国库现金快速上涨带来的两难问题内生推动国库现金管理制度改革，发达国家国库现金管理实践为我国国库现金管理制度改革提供了良好的经验，2006年6月5日我国财政部和人民银行联合颁布《中央国库现金管理暂行办法》，该办法明确了中央国库现金管理操作，即在确保中央财政国库支付需要前提下，以实现国库现金余额最小化和投资收益最大化为目标的一系列财政管理活动。该办法自2006年7月1日开始生效，标志着我国中央国库现金管理制度改革开始进入实质性阶段。然而，中央国库现金转为商业银行定期存款对货币市场会产生什么影响？作为货币市场主体的商业银行将如何受到国库现金存款的扰动？国库现金转存商业银行哪些问题值得中央银行公开市场操作的关注？这些都是国库现金管理制度改革需要重点解决的问题。对此，本章将构建国库现金转为商业银行定期存款的分析框架，讨论国库现金转为商业银行定期存款对货币市场的影响。

第一节　基于商业银行资产负债分析框架构建

目前我国中央国库现金转为商业银行定期存款的规模还比较小，其原因是多方面的，既包括宏观调控的需要、财政部国库与中央银行国库职责没有完全划清、我国国债市场有待完善、商业银行管理有待提升、金融市场化有待推进等原因，还包括对国库现金的认识不够，需要对国库现金进行前瞻性研究。因而不能仅仅关注目前上千亿元国库现金定期存款的问题，更重要的是对未来国库现金管理制度改革的一种可能的理论分析。我国国库现金管理制度改革目标是实现国库现金余额最小化和投资收益最大化，因而要实现我国国库现金管理的目标，就必须使闲置国库现金最小化，即将超过国库支出需求的国库现金进行投资以获取收益。在这种情况下，尽管国库现金仍然没有完全放在商业银行，但由于中央银行国库保留的国库现金余额相对稳定，因而，超过国库支出需求的资金就完全进入商业银行，相对于中央银行保留的国库现金余额来说，我国国库现金巨大，由此进入商业银行的国库现金存款数量也就不能被低估。对此，本部分研究也是基于大量国库现金转为商业银行定期存款的背景。

国库现金主要来源于税收和国债等收入，税收是个人、家庭和企业等市场微观主体必须履行的纳税义务，微观主体购买国债在于寻求更高的收益而选择的一种资金投资方式，除此之外，其他国库现金收入虽然比较复杂，但是大部分也来自微观主体，因而国库现金在入库之前主要表现为微观主体的资产。此外，企业在财务管理过程中往往也开展现金管理，由于税收具有强制性，而且必须在确定的时间之前上缴，因而税收是企业现金管理重点考虑的因素，税收在特定时间上缴后，企业现金流问题往往会受到影响，甚至加剧现金短缺问题，由此可能增加短期借贷行为，特别地，目前企业所得税是按季预缴，面临流动性问题的企业往往由此更加紧张，因而增加后期的短期借贷，此外，还有一些企业在开展现金管理过程中，会根据市场的情况优化现金投资结构，比如预期短期市场利率将下降，开展现金管理的企业会先把当前的现金按较高利率出借，而在需要上缴税收时可能以较低利率从市场贷款以上缴税收，这也会出现税收引起贷款增多的现象，因而，国库现金增加将强化企业微观主体的贷款需求，贷款除了受到利率的影响还受到国库现金的影响，即 $L = L(i_L, TR)$ ，而且 $\partial(L)/\partial(TR) > 0$ 。此外，由于大部分国库现金的收缴频率比较频繁，有些是月度、有些是季度，而国债则可能是滚动发行的，因而这些资金在进入国库之前，大部分表现为微观主体的活期存款，可以随时支取，不缺乏流动性。同时，财政部门实行国库现金管理，将闲置国库现金转为商业银行定期存款获取投资收益。在这种情况下，国库现金存款增加表明将更多的民间活期存款转为商业银行定期存款，这就导致定期存款 T 与活期存

款 D 的比例 t 的上升，即 $T = tD$ 关系式中的 t 上升。进一步地，国库现金转存商业银行往往要求完全抵押品，即抵押品总额 E 与国库现金 TR 之间的关系为 $E = TR$，国库现金增加多少银行的抵押品也要增加相应数量，基于上述讨论，商业银行的资产为贷款 L、存款准备金 R 及国库现金抵押品 E 之和，同样的资产方为定期存款 T、活期存款 D 与国库现金存款 TR 之和，根据商业银行资产负债等式可以知道 $L + R + E = D + T + TR$。根据上述讨论，可以构建国库现金与商业银行资产负债之间的分析框架：

$$L = L(i_L, TR)（贷款函数）\tag{1}$$

$$i_L = (1 + m)i_b（贷款利率 i_L 与基准利率 i_b 关系）\tag{2}$$

$$T = tD \quad（定期存款与活期存款比重）\tag{3}$$

$$L + R + E = D + T + TR（银行资产负债等式）\tag{4}$$

$$R = k(D + T)^{①}（银行准备金）\tag{5}$$

$$E = TR（国库现金存款抵押品）\tag{6}$$

$$G = cD（对现金的需求）\tag{7}$$

$$H = C + R（基础货币等式）\tag{8}$$

$$M = G + D + T（货币供应量）\tag{9}$$

其中：i_L = 商业银行贷款利率水平；m = 商业银行利率上浮幅度；L^s = 商业银行贷款供给；i_b = 中央银行基准利率；c = 现金与活期存款之比。

根据上述讨论，国库现金转存商业银行将导致活期存款减少，而定期存款上升，同时商业银行对抵押品的需求将增长，因而如果国库现金作为定期存款存放在商业银行，那么可能对商业银行盈利水平造成影响。这里先从两个例子来讨论这个问题，然后再通过模型做进一步的研究。第一个例子是阐述将国库现金转为商业银行定期存款对商业银行收益造成的影响。目前国库现金存放在中国人民银行国库，如果将 100 元国库现金转入商业银行作为定期存款，那么商业银行将额外增加 100 元的存款，但同时必须以可流通国债现券作为质押，质押国债的面值数额为存款金额的

---

① 我国目前执行活期存款与定期存款的单一准备金率制度，表明这种假设的合理性。

120%，因而商业银行接受 100 元国库现金的成本包括 100 元国库现金的存款利息，同时包括 120 元的抵押品。如果商业银行为接受国库现金定期存款而增加全额的抵押品，那么由于抵押品数量超过国库现金存款数量，从而导致商业银行并不能由于国库现金定期存款增加而增加贷款获取贷款收益，因而 100 元国库现金转入商业银行作为定期存款，这一行为将对商业银行造成损失。第二个例子讨论国库现金由商业银行转入中央国库，而后又从国库转入商业银行作为定期存款的整个过程对商业银行收益的影响。这可以从一个简单的测算得到体现。假定从当地居民中征收 100 元的税收，该税收来源于活期存款，由于当前活期存款利率为 0.36%，2009 年 7 月 26 日我国财政部第七期国库现金管理商业银行 3 个月期定期存款利率为 1.71%①，因而政府将 100 元国库现金作为定期存款存放在商业银行，那么商业银行就由于国库现金将活期存款转为定期存款而导致损失：100 ×（1.71% － 0.36%） ＝1.35 元。进一步地，如果商业银行考虑接受政府国库现金则必须提供额外的抵押债券等额外隐性成本，那么商业银行遭受的损失就更大了。由于财政国库现金收支数量很大，因而将国库现金作为定期存款放在商业银行，可能造成商业银行的净损失。

上述分析表明国库现金存款可能造成商业银行净损失，但为什么商业银行会接受国库现金定期存款呢？这就需要考虑商业银行接受国库现金定期存款的直接收益与间接收益，正如上面的测算，直接收益往往比较容易衡量，但间接收益则需要考虑这种行为对商业银行造成的影响。一是国库现金存款可以扩大商业银行存款负债规模，对商业银行保持业界规模有重要的作用；二是国库现金存款虽然要求抵押品，但商业银行即使没有国库现金存款，也会持有相当部分的国债等低风险抵押品，这是资产结构优化的需要，在此情况下，商业银行通过现有的国债抵押品来吸收国库现金存款，不仅不会导致可贷资金下降，反而可以增加贷款资金，综合收益水平也会提高；三是国库现金属于财政资金，商业银行接受国库现金存款，可以建立商业银行与财政的关系，商业银行良好的服务可以赢得财政部门的信任，由此可以派生商业银行中间业务中的政府相关收支业务。

通过以上分析，接下来将进一步对上述分析框架进行求解。根据商业

---

① 资料来源于中国财政部网站：http：//www. mof. gov. cn。

银行的资产负债表，结合式（1）～（6），容易得出活期存款与贷款的关系式：

$$D = L((1 + m)i_b, TR)/(1 + t - k - kt) = L((1 + m)i_b, TR)/[1 + (1 - k)t - k] \quad (10)$$

进一步将式（7）及式（10）代入方程（8）可以得到社会对基础货币的需求是：

$$H = [(c + k + kt)/(1 + t - k - kt)]L((1 + m)i_b, TR) = (c + k + kt)D \quad (11)$$

将式（1）～（9）及式（10）代入方程（9）可以得到货币供应量关系式：

$$M = [(1 + c + t)/(1 + t - k - kt)]L((1 + m)i_b, TR) \quad (12)$$

第二节　财政国库现金转为商业银行定期存款对货币市场的影响：利率管制

根据货币经济学理论，商业银行的行为与资金的利率息息相关，讨论国库现金存款对商业银行信贷供给乃至社会货币供应量的影响必然涉及对利率的讨论。由于我国资金利率仍然没有市场化，为了讨论的方便，这里根据上述分析框架得出的结果，对利率不同的弹性进行区分，结合上述分析框架讨论中央国库现金转为商业银行定期存款的影响。

假定中央银行完全控制利率水平，利率是完全外生的，中央银行与商业银行的动态过程是：中央银行设定基准利率→商业银行决定贷款利率→根据信贷需求和水平的贷款供给曲线决定均衡贷款水平→决定与信贷水平相对应的存款水平→商业银行决定存款的储备需求→向中央银行寻求存款必须的储备→中央银行在基准利率水平上提供完全的储备需求。在上述分析框架中，纳入了国库现金变量，而且根据分析表明，税收、国债等财政资金在进入国库之前，大部分表现为微观主体的活期存款，可以随时支取，不缺乏流动性。同时，财政部门实行国库现金管理，将闲置国库现金转为商业银行定期存款获取投资收益。在这种情况下，国库现金转为商业银行定期存款数量的增加①，表明更多的民间活期存款转为商业银行定期

---

① 这里仅研究国库现金增加的情况，国库现金下降的情况与此相反，从而不做进一步的阐述。

存款，这就导致定期存款 T 与活期存款 D 的比例 t 上升，这将促使均衡方程式（10）的斜率 $1/(1 + t - k - kt) = 1/[1 + (1 - k)t - k]$ 下降，即活期存款与贷款之间的斜率下降；同时由方程式（11）知道 $H = (c + k + kt)D$ 由于国库现金存款增加导致 t 上升所引起的斜率上升。

如图 7-1 所示，按照上面的分析，第三象限的基础货币和活期存款需求的射线关系向左移动，第四象限的银行贷款和活期存款需求的射线关系向右边移动。此外，从上面的分析知道，国库现金定期存款与贷款需求关系式是 $\partial(L)/\partial(TR) > 0$，即国库现金存款上升将使贷款曲线向右移动，由原来的 L_0^d 移动到 L_1^d，支持 L_1^d 的活期存款是 D_1，对应的储备货币是 H^1。由图 7-1 可以发现国库现金存款增加将使活期存款下降，而使贷款增加，并最终导致商业银行的储备需求增加，从原来的 H^0 增加到 H^1，因而商业银行将向中央银行寻求更多基础货币，最终的情况是货币供应量增加。这与下述现象颇为一致，即信贷 $L = L(i_L, TR)$ 由于国库现金存款增加而提高，从而引起货币供应量同步上升。可见，在利率管制下，国库现金存款增加将引起商业银行储备增加，由此对货币供应量产生影响。

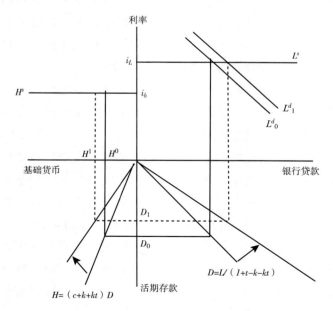

图 7-1　国库现金转为商业银行定期存款对货币市场影响分析：利率管制

第三节　财政国库现金转为商业银行定期存款
对货币市场的影响：利率管理浮动

在利率有管理浮动的情况下，中央银行对商业银行的储备需求不是完全满足的，而是采取有限适应或者有限迁就的态度，根据市场上的基础货币水平决定当前商业银行获得基础货币的价格水平，即基准利率，或者通过公开市场影响储备市场的利率水平，从而影响商业银行的贷款利率水平，使得信贷市场的信贷供给曲线也由原来的完全弹性变成正斜率向右上角倾斜的曲线，总的来说，在利率有管理浮动的情况下，货币供应量和利率都不是完全外生的，中央银行与商业银行必须基于各自对当前状态和未来不确定性的判断做出选择。最主要的变化是中央银行的储备供给曲线和商业银行的贷款供给曲线都发生了改变，如图 7 - 2 所示。

结合前面分析的结论，国库现金转为商业银行定期存款的数量增加表明更多的民间活期存款转为商业银行定期存款，这导致定期存款 T 与活期存款 D 的比例 t 上升，从而促使均衡方程式（10）的斜率 $1/(1 + t - k - kt) = 1/[1 + (1 - k)t - k]$ 下降，即活期存款与贷款之间的斜率下降；同时由方程式（11）知道 $H = (c + k + kt)D$，由于国库现金存款增加导致 t 上升所引起的斜率上升。因而如图 7 - 2 所示，第三象限的基础货币和活期存款需求的射线关系向左移动，而第四象限的银行贷款和活期存款需求的射线关系向右边移动。同时由于国库现金存款与贷款需求关系式是 $\partial (L)/\partial (TR) > 0$，所以国库现金存款增加，贷款需求曲线将向右移动，从曲线 L_0^d 移动到 L_1^d，与贷款供给曲线交于新的均衡点 K，这样促使贷款利率上升了；而且与这个贷款水平相对应的活期存款水平也从 D_0 点移到了 D_1 点，这个存款水平对应的储备货币是 H^1，H^1 对应的储备市场利率水平出现了上升的现象，中央银行被动提高了基准利率 i_b 的水平。由此可见，国库现金存款增加将使信贷市场的贷款利率上升，并促使商业银行的储备需求增加，从原来的 H^0 增加到 H^1，因而商业银行将向中央银行寻求更多的基础货币，这促使中央银行提供有限基础货币的同时也提高了基准利率水平。国库现金存款变化不仅影响了基础货币规模，而且也对市场利率产生了影响。由于商业银行向中央银行寻求更多的基础货币，最终的情况是货币供应量的增加。由此可见，在利率管制情况下，国库现金存款变化将对商业银行的储备水平、利率水平及社会货币供应量都产生影响。

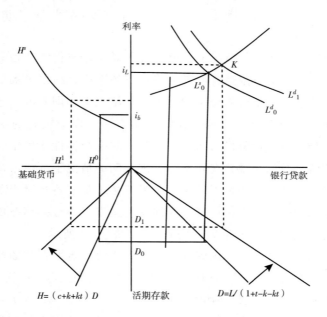

图 7 – 2 国库现金转为商业银行定期存款对货币市场影响：利率有管理浮动

第四节 财政国库现金转为商业银行定期存款 对货币市场的影响：综合情形

前面的利率管制和有管理的利率浮动情况有一个共同的特点，即没有关注国库现金存款变化对商业银行自身资产负债管理的调整问题。事实上，针对不同微观主体变更存款结构和中央银行改变利率的行为，商业银行会对自身的资产负债结构进行相应的改变，从而使其更加合理，用较少的储备金支持较高的贷款水平。如图 7 – 3 所示，当国库现金转为商业银行定期存款的数量增加时，面对中央银行对储备供给的有限适应政策，商业银行不是利用传统的向中央银行直接借贷储备金的方式，而是积极进行资产管理优化，如向非银行公众出售流动性资产、在批发市场发行 CDs 等行为，节约储备使用，在商业银行系统内寻求储备资金。这些资产负债管理创新方式使得非银行公众流动性偏好下降，银行负债结构发生变化，非银行公众手持现金与活期存款的比例 c 下降，定期存款与活期存款趋于优化。因此，式（10）表示的活期存款和银行贷款之间的射线斜率 $1/(1 + t - k - kt) = 1/[1 + (1 - k)t - k]$ 上升，同时由式（11）表示的活期存款和基础货币之间的射线斜率 $c + k + kt$ 下降，这与利率管制情况和利率有限管理浮动情况中发现的射线旋转方向相反。

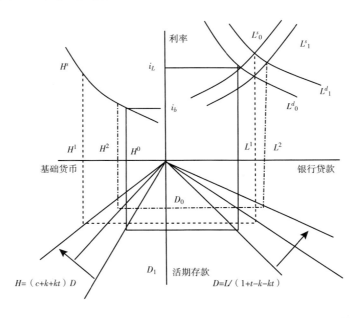

图 7 – 3　国库现金转为商业银行定期存款对货币市场影响分析：综合情形

　　由于商业银行进行了资产负债管理创新，因而商业银行的信贷能力比原来更强了。对此，商业银行的贷款供给曲线将向右移动，由 L_0^s 移动到 L_1^s。由于国库现金存款增加，从而贷款需求曲线向右移动，但此时不像利率管理浮动的情形那样，信贷市场贷款水平不是由新的贷款需求曲线与商业银行原来的贷款供给曲线 L_0^s 相交所决定的，而是由新的贷款需求曲线 L_1^d 和新的贷款供给曲线 L_1^s 的交点来决定均衡的贷款水平。从图 7 – 3 可以发现，此时均衡的贷款水平 L^2 高于利率管理浮动的贷款水平 L^1，均衡利率相对较低。接着通过考察支持贷款 L^2 所需的储备水平，可以发现此时所需的储备水平 H^2 比利率管理浮动所需要的储备水平 H^1 低，对应储备的市场利率水平也较低。由此来看，在综合情形下，国库现金存款变化导致微观主体行为发生改变，商业银行对此进行了资产负债的创新管理，提高自身的贷款能力，虽然储备水平和利率水平都发生了不同程度的改变，货币政策仍然受到影响，但是与其他情形相比，商业银行由此需要向中央银行寻求的储备水平下降了，而且还比其他情形支持更多的贷款，利率水平也比较低。因而，在利率市场化条件下，国库现金存款仍然对商业银行信贷产生影响，同时促使市场利率提高，但影响程度相比前面两种情况低。然而，关于这种政策对货币供应量产生的影响，并没有因此发生更大幅度的上升，尽管信贷水平 $L = L(i_L, TR)$ 由于国库现金存款增加而产生较大的增长，但由于商业银行实行资产负债的创新管理，因而，公众对流动性需求的改变导致 c 下降，商业银行负债管理创新也可能导致定期存款与活期存款比例更加合理，这些因素将促使 $(1 + c + t)/[1 + (1 - k)t - k]$ 上升幅度比其他情形低，这些因素综合作用将使货币供应量的影响波动减少。

本章通过构建商业银行资产负债框架扩展分析中央国库现金转为商业银行定期存款对货币市场的影响，研究表明，国库现金转为商业银行定期存款会改变商业银行负债结构，影响商业银行盈利水平，而且商业银行接受国库现金存款必须提供高比例的抵押品，目前我国抵押品比例为国库现金的120%，这可能导致商业银行净损失，影响商业银行接受国库现金存款的积极性。此外，国库现金存款增加将引起利率水平波动，特别是国库现金存款需要商业银行提供抵押品，国库现金转为商业银行定期存款的数量越大，抵押品比例要求越高，商业银行必须留出越多的资金购买债券，可能促使大量国库现金转入商业银行后社会可用资金下降，导致商业银行向中央银行寻求更多的储备资金，并且通过信贷传导机制引起均衡信贷水平发生改变，最终引起货币供应量的波动。尽管目前国库现金转为商业银行定期存款的规模还比较小，但国库现金管理制度改革的目标是实现闲置资金最小化与收益最大化，因而随着国库现金管理制度改革的稳步推进，中央国库现金转为商业银行定期存款的频率和规模可能逐步加大，中央国库现金对货币市场的影响将逐步显现，其影响将逐步受到货币政策调控机构的重视。为顺利推进我国中央国库现金管理制度改革，降低由此带来的负面影响，必须着重考虑多方面的问题。

第八章

财政国库现金存量偏离最优存量的
效率评估： 以中央国库为例

前面探讨的国库现金流收入与支出预测是推行现代国库现金市场化管理制度的重要基础，但不管是收入预测，还是支出预测，目标都是为了科学界定国库最优库底现金，为财政国库现金管理部门提供参考线，以此准确确定闲置国库现金投资或者国库现金赤字融资需求，一方面确保国库现金具有充足的流动性，另一方面保证国库现金收益最大化和筹资成本最小化。理论上，确定国库最优库底现金通常有两种方法，根据历史数据测算国库现金流收入与支出的偏差程度，国库库底现金可理解为弥补每天国库现金流收支缺口所需的最大资金，但这种方法没有考虑市场投融资成本，比如不同时间的筹资成本可能存在差异，每天不必保持足够资金弥补国库现金流收支缺口，而是可以通过更长期限的国库现金流投资来获得更高收益，同时利用货币市场获得成本相对较低的资金来满足暂时的支出需求，这是第二种测算国库最优库底现金的方法，即根据货币市场条件测算满足日常支出需求而需要保留的资金，在此基础上，通过每天国库现金流收入与日常需要的现金的偏差来测算国库最优库底现金，但这种方式依赖于高度发达的金融体系及高效的货币市场。本章将分别通过两种方式测算国库最优库底现金水平。

第一节　中央财政国库最优库底现金测算：统计特征

为测算国库现金流缺口，这里以国库现金流每天收入与支出的差额来计算，图 8 - 1 表示测算得出的国库现金流收支缺口随时间而变化的情况，可以看出，国库现金流缺口大部分时间在 600 亿以内，只有两天超过 1000 亿元，即 2006 年 6 月 12 日国库现金流缺口达到 1058.7 亿元，2007 年 12 月 26 日国库现金流缺口达到 1146.4 亿元。

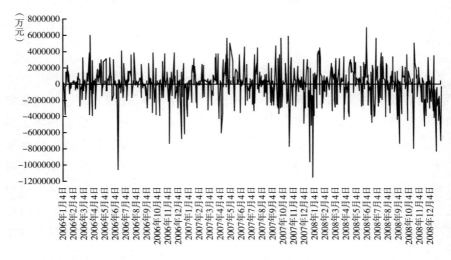

图 8 - 1　国库现金日度缺口

从支出结构看，2006 年 6 月 12 日产生较大支出缺口的原因在于该天国债兑付支出为 1006.7 亿元，2007 年 12 月 26 日产生较大支出缺口的原因在于该天基金支出为 1028.1 亿元。从基金每天支出走势来看（图 8 - 2），尽管基金支出超过 1000 亿并不多见，但在 2007 年 12 月 26 日基金支出达到 1028.1 亿元的同时，基金收入却仅仅为 2.7 亿元，收支相抵导致国库现金流缺口达到 1025 亿，除此之外，基金支出大多在 200 亿以下，由此可见，当天基金支出快速上升是导致当天国库现金流缺口增大的主要原因。从国债兑付支出每天走势来看（见图 8 - 3），国债兑付支出大部分时间都在 400 亿元以下，而 2006 年 6 月 12 日国债兑付支出高达 1000 亿，其他时间则相对平稳，这表明国债兑付的增加是导致当天国库现金流缺口增大的主要原因。

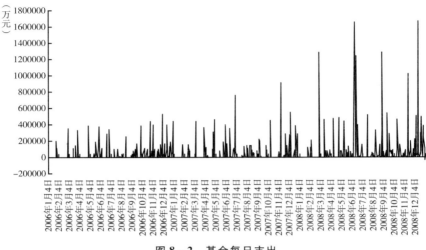

图 8 – 2　基金每日支出

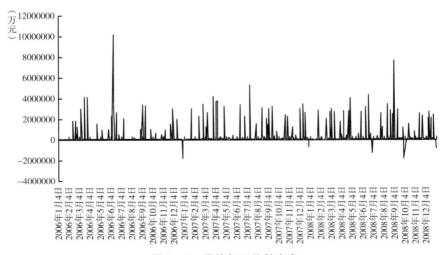

图 8 – 3　国债每日兑付支出

根据上述的历史数据分析可以知道，中央国库现金流缺口大部分在600 亿元以内，因而国库库底现金大多数时间可以保持在这个水平。然而，根据安全性、流动性、收益性原则，库底现金的测算必须以弥补国库现金流收支缺口为前提，确保每天国库现金流支出都不会发生危机。从这个意义上来说，国库库底现金额度必须以弥补最大的现金流缺口为前提，按照经验数据，国库最优库底现金至少应保持在 1147 亿元。

第二节　中央财政国库最优库底现金
测算：理论模型与实证分析

一　财政国库最优现金支出需求鲍莫尔扩展模型

上面以国库现金流历史收支数据比对来测算国库库底现金具有一定的合理性，但这种测算假设所有现金支出需求都以现金储备为前提，即假定现金借款成本为无限大，从而不可能通过外部市场借款来实现暂时的现金融资，市场主体必须在支付前出售资产以获得支付必需的现金。然而，现实生活中，现金支出超过现金储备时并不一定马上引发现金流危机，而是可以通过外部市场进行借款解决，如果外部融资仍无法满足支出需求，那么才可能引发危机。各国政府财政收支都带有明显的季节性和周期性，通过外部市场借款贴现，解决政府国库暂时的支出困难是极为普遍的现象。此外，国库现金管理的目标是实现闲置国库现金投资收益最大化和赤字筹资成本最小化，因而必须基于现金投资收益和资金的市场筹资成本权衡国库最优现金支出需求。基于这些考虑，下面将在鲍莫尔（Baumol）模型基础上构建国库现金流支出需求模型，在此基础上，结合中国的实际情况测算国库现金流支出需求，然后将国库现金流收入与支出需求测算国库现金缺口，以此衡量国库最优库底现金。

（1）模型假设

假设 Y 为一个财政年度内的财政支出；用 T 表示一个财政年度的时间长度，按照我国的做法，一个财政年度为一年，这里也表示一年；在实际工作中，一个财政年度分成若干个时期，比如季度、月度或者日，用 t 表示每个时期的长度；用 K 表示每期的国库现金支出需求数量；用 t_1 表示每个时期内国库保留的现金可以满足支出需求的时间长度，用 M 表示 t_1 这个时期内的国库现金储备，用 t_2 代表一个时期内国库保留的现金无法满足支出需求的时间长度。对于国库现金，政府可以将部分闲置国库现金转换成资产以获取投资收益，这里假设资产与现金之间的转换成本是 b ，进一步假定转换成本独立于转换数量。假设 i 表示财政年度内现金每天的机会成本，即由于保留现金而放弃了由此进行投资带来的收益，从而 i 就是每天的平均收益率，则年度平均收益率为 Ti ；假设 R 为政府借款每天的平均成本，则年度平均借款成本为 TR 。用 Q 表示国库最优现金支出需求。由于政府支出主要按照财政预算进度进行支出管理，所以其支出模式比企业可控，在平均意义上将表现出较高的平滑性。根据上述的说明，各种变量的直观意义如图 8 - 4 所示。

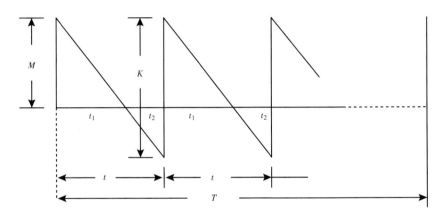

图 8 - 4　财政国库支出模式

（2）政府财政国库最优现金支出需求模型（Baumol 扩展模型）构建

按照模型假设可以知道，政府日常支出主要涉及三种成本，即每个时期中政府预留的国库现金储备的平均机会成本 $Mt_1i/2$ ；每个时期政府由于支出超过现金储备而必须通过外部借款的平均成本是（K - M）$t_2R/2$ ；另外，政府由于通过现金管理而将现金投资于生息资产，因而在每期开始前政府必须出售部分资产以保留部分现金，从而必须支付资产转换成现金的转换成本，这个部分每期的成本是 b 。由于政府财政年度总支出为 Y ，每期的支出为 K ，从而总共有 Y/K 个时期，因而政府日常支出的总成本是：

$$C = \left(\frac{M}{2}t_1i + \frac{K-M}{2}t_2R + b \right)\frac{Y}{K} = \frac{YM}{2K}t_1i + \frac{(K-M)Y}{2K}t_2R + \frac{Y}{K}b \qquad (1)$$

另外从图 8－4 可以看出 $t = t_1 + t_2$，以 t_1、M 为直角边组成的三角形和以 t、K 为直角边组成的三角形相似，以 t_2、$K - M$ 为直角边组成的三角形和以 t、K 为直角边组成的三角形相似，按照相似三角形的性质可以得出以下结论：

$$t_1 = Mt/K \tag{2}$$

$$t_2 = (K - M)t/K \tag{3}$$

根据同样的方法，可以得出关系式 $K/Y = t/T$，从而有：

$$t = TK/Y \tag{4}$$

根据式（1）、式（2）、式（3）和式（4），可以得出政府总成本表达式：

$$C = \frac{TM^2}{2K}i + \frac{T(K-M)^2}{2K}R + \frac{Y}{K}b \tag{5}$$

政府国库最优现金支出需求的确定取决于政府成本最小化的现金持有行为，按照式（5）分别求解 M 和 K 最优化一阶条件 $\partial C/\partial M = 0$ 和 $\partial C/\partial K = 0$ 可以得到：

$$KR - MR - Mi = 0 \tag{6}$$

$$TM^2i + 2Yb + TM^2R - TK^2R = 0 \tag{7}$$

根据式（6）和式（7）可以得出 M 和 K 的最优值分别为：$M = \sqrt{2Yb/Ti}\sqrt{R/(i+R)}$ 和 $K = \sqrt{2Yb/Ti}\sqrt{(i+R)/R}$，从而可以知道国库必须保存的最优现金存量水平 $Q = M/2 = \sqrt{2Yb/Ti}\sqrt{R/(i+R)}\big/2$，这就是所求的政府国库最优现金支出需求。更进一步地，如果 $R \to \infty$，即外部借款成本无限大，那么 $Q = \sqrt{2Yb/Ti}\big/2$，这与 Baumol 模型的结果一样，从而可以看出这个模型包容了 Baumol 模型，Baumol 模型是这个模型的一个特例，并且由 $M/2 \leq \sqrt{2Yb/Ti}\big/2$ 可以知道本书的国库最优现金支出需求模型得出的政府国库最优现金支出需求比 Baumol 模型得出的小，表明通过增加外部筹资渠道可以使政府有更大的空间管理现金余额。值得指出的是上面所说的收益率 i 和外部借款成本 R 分别是指每天收益率和每天外部借款成本，而实际生活中往往给出的是年度收益率和年度借款成本，如年度贷款利率等，因而这里做一个转化，将政府国库最优现金支出需求转化为年度收益率 Ti 和年度借款成本 TR 的关系式：

$$Q = \frac{M}{2} = \frac{1}{2}\sqrt{\frac{2Yb}{Ti}}\sqrt{\frac{R}{i+R}} = \frac{1}{2}\sqrt{\frac{2Yb}{Ti}}\sqrt{\frac{TR}{T(i+R)}} = \frac{1}{2}\sqrt{\frac{2Yb}{Ti}}\sqrt{\frac{TR}{Ti+TR}} \quad (8)$$

另外，该模型引入了借款的方式，但是借款是否受到约束呢？能否无限借款呢？事实上，从 M 和 K 容易得出它们的关系式是 $MKTi/b = 2Y$，等式的右边是年度财政收入，是一个固定的量，由此可以看出，每期的支出 K 并不能无限增大，从而 $K - M$ 也受到了相应的限制，说明了无限借款的不可能性，因而这也体现了模型与现实的吻合性。

二　中央财政国库最优现金支出需求测算

上面研究得出国库最优现金支出需求模型（8），揭示了国库最优现金支出需求与其他变量之间的平方根关系。该模型表明了国库最优现金支出需求的确定必须依赖于以下参数：年度收益率 Ti、年度借款成本 TR、年度财政支出 Y 和每期债券等资产与现金的转换成本 b。由于我国尚未实现完全市场化，这些参数的选择无法完全采用市场化指标，只能根据现有的数据进行计算整理，得到相应参数的替代指标。为了较好地对中央现金流状况做评价，选择 2005～2008 这三年的中央国库现金日度数据做相应的分析，主要原因在于最近几年来我国政府市场化改革不断深入，政府也逐步关注财政预算支出绩效，对其进行评价有着更广泛意义。

首先，对于年度收益率 Ti，发达国家主要将债券市场中的短期国债投资收益率作为基准水平，但是我国债券市场虽然规模很大，然而短期国债一直以来处于偏低水平，大部分局限于中长期，从而不能作为收益率参照标准，在实际计算过程中，我国收益率一般参照回购和其他债券交易。特别是近年来我国外汇储备急剧上升，中央银行在现行外汇体制下被动投放基础货币，为了降低市场上过多的流动性，中央银行采取货币冲销政策，即央行通过发行央行票据对冲外汇占款。货币冲销的结果是促使中央银行票据规模和余额迅速上升，截至 2008 年 10 月 31 日，央行票据发行总额达到了 168224.4 亿元，占同期市场债券发行总额的 57.65%，央行票据余额为 48200 亿元，占同期市场债券余额的22.7%①，大量短期中央银行票据代替国债形成了收益率曲线，因而年度收益率 Ti 可以由市场上回购和短期中央银行票据收益率的平均值加权计算而得，具体数值见表 8 - 1 中的市场平均收益率栏目。另外，由于银行存款也是获得现金投资收益的一个重要渠道，因而这里也将其纳入讨论的范围，作为年度收益率 Ti 的另一个替代指标，其数值主要参照各年度国家规定的存款利率水平。我们在下面的讨论中利用这两种指标进行综合分析，从而给出较客观的结论。

其次，年度借款成本 TR 也是比较复杂的问题。这里的借款成本主要是短期资金的借款成本，在现实生活中往往与贷款利率联系在一起，我国虽然还没有实现金融机构的贷款利率市场化，但却拥有高流动性的银行间资金同业拆借市场，该市场的利率主要是通过市场机制形成的，因而我们采用银行间同业拆借市场的利率替代借款成本。因为银行间同业拆借市场主要以 7 天品种为主要交易品种，如图 8 - 5 所示，相对于其他品种而言，

图 8 - 5　银行间同业拆借市场各品种交易量

资料来源：《中国人民银行年报》、《中国财政年鉴》、《中国人民银行统计季报》、《中国金融年鉴》和 Wind 资讯数据库。

---

①　资料来源：《中国人民银行统计季报》和 Wind 金融资讯数据库。

7 天品种交易量一直处于绝对高位，具有代表性，因而选择 7 天品种的市场利率作为借款成本的替代指标①，具体数值为各年各时期的加权平均（见表 8 - 1 的银行间同业拆借市场平均利率栏目）。

对于年度财政支出 Y，主要依据中央财政每天的国库现金流支出数据与全年的平均支出，每天的平均支出见表 8 - 1 中的财政支出栏目。

对于每期资产与现金的转换成本 b，由于没有直接与之相对应的统计指标，因而我们以沪深两市国债现货、企业债现货和可转换公司债券等交易手续费来测算。沪市规定投资者委托指定的证券商进行国债现货交易须缴纳手续费，成交后在办理交割时，按规定应向券商缴纳佣金，其标准为不超过总成交金额的 3‰。深市规定投资者委托证券商买卖债券时，向证券商缴纳佣金，佣金最高不得超过成交金额的 3‰②。这里采用 3‰ 做最大化估计，从而可以得出国库最优现金支出需求的上限。根据表 8 - 2 的财政支出总数 2005 ~ 2008 年每天平均值为 1784431 万元，因而，每天交易费用约为 5353.293 万元，由于本书测算每天国库需要保留的现金，因而这里采用每天的交易成本作为下面现金流测算中每期资产与现金的转换成本 b 的参数估计值。

表 8 - 1　中国政府国库最优现金支出需求估计采用的参数指标数据

年度	财政支出（万元）	银行间同业拆借市场平均利率（%）	市场平均收益率（%）	存款利率（%）
2005	824868.78	1.73	1.97	2.25
2006	1052389.00	2.22	2.45	2.39
2007	1856718.30	3.04	3.24	3.47
2008	1619316.36	3.20	4.03	3.60
平均值	1784431.00	2.31	2.73	2.56

注：此处同业拆借利率低于存款利率，主要原因在于同业拆借利率为短期利率，而存款利率为一年期利率，银行可以通过高频次的短期借款获利，比如将活期存款用于拆借。银行间债券市场利率采用 7 天品种平均利率，市场平均收益率由市场上回购和短期中央银行票据收益率的平均值加权计算而得，存款利率由各年度中国人民银行发布存款利率调整的若干利率加权计算而得。

资料来源：《中国人民银行年报》、《中国财政年鉴》、《中国人民银行统计季报》、《中国金融年鉴》和 Wind 资讯数据库。

---

① 尽管近期 1 天品种交易量超过了 7 天品种，但从历史数据来看，7 天品种一直处于较高水平，其利率比较能反映市场需求状况，而且这种期限的资金拆借也比较适合国库现金管理。

② 中国证券管理委员会网站，http：//www.csrc.gov.cn。

通过上面的分析,各变量都有了相应的估计值,接下来将对我国国库最优现金支出需求进行测算。如前所述,为了做出更客观的评价,年度收益率 Ti 考虑了市场平均收益率和存款利率两种情况,因而在国库最优现金支出需求测算时也对两种情况分别估计。同时,国库最优现金支出需求也采用 Baumol 模型 $Q = \sqrt{2Yb/Ti} / 2$ 进行测算,从而能够从一个侧面比较国库最优现金支出需求模型和 Baumol 模型的差异。具体测算结果见表 8 - 2。

表 8 - 2   2005~2008 年每年最后 10 个工作日现金支出需求测算

单位:万元

日期	Baumol 模型		国库最优现金模型	
	Baumol 模型测算结果 1	Baumol 模型测算结果 2	国库最优现金支出需求模型测算结果 1	国库最优现金支出需求模型测算结果 2
2005 年 12 月 20 日	63510.14	59427.15	43427.54	39180.18
2005 年 12 月 21 日	530018.69	495944.46	362421.02	326975.01
2005 年 12 月 22 日	593889.35	555708.95	406095.08	366377.59
2005 年 12 月 23 日	1502882.33	1406263.91	1027654.59	927146.46
2005 年 12 月 26 日	144261.38	134987.00	98644.37	88996.61
2005 年 12 月 27 日	119345.97	111673.37	81607.48	73625.99
2005 年 12 月 28 日	256536.59	240044.18	175416.93	158260.56
2005 年 12 月 29 日	564839.16	528526.36	386230.88	348456.18
2005 年 12 月 30 日	159348.99	149104.64	108961.10	98304.34
2005 年 12 月 31 日	731818.73	684771.03	500409.69	451467.92
2006 年 12 月 20 日	1545575.36	1564855.64	1065634.41	1085926.18
2006 年 12 月 21 日	78202.11	79177.65	53918.34	54945.05
2006 年 12 月 22 日	211067.31	213700.26	145525.47	148296.56
2006 年 12 月 25 日	96294.08	97495.42	66392.37	67656.61
2006 年 12 月 26 日	311782.88	315672.21	214966.26	219059.64
2006 年 12 月 27 日	522967.17	529490.93	360572.40	367438.40
2006 年 12 月 28 日	230553.35	233429.39	158960.60	161987.52
2006 年 12 月 29 日	544670.27	551464.76	375536.12	382687.07
2006 年 12 月 30 日	263680.29	266969.57	181800.77	185262.61
2006 年 12 月 31 日	696710.28	705401.39	480363.79	489510.86
2007 年 12 月 20 日	126051.30	121802.19	87700.95	83234.12
2007 年 12 月 21 日	1171317.09	1131832.73	814950.91	773443.41
2007 年 12 月 24 日	330438.63	319299.75	229904.66	218195.04

续表

日期	Baumol 模型		国库最优现金模型	
	Baumol 模型 测算结果 1	Baumol 模型 测算结果 2	国库最优现金 支出需求 模型测算结果 1	国库最优现金 支出需求 模型测算结果 2
2007 年 12 月 25 日	745267.97	720145.45	518524.67	492114.91
2007 年 12 月 26 日	2337848.29	2259040.89	1626572.01	1543726.61
2007 年 12 月 27 日	424798.11	410478.44	295555.84	280502.44
2007 年 12 月 28 日	197622.32	190960.60	137496.92	130493.85
2007 年 12 月 29 日	1124306.50	1086406.83	782243.01	742401.40
2007 年 12 月 30 日	0.97	0.94	0.68	0.64
2007 年 12 月 31 日	30962.57	29918.84	21542.39	20445.19
2008 年 12 月 18 日	77112.10	81587.53	51301.30	55968.58
2008 年 12 月 19 日	459344.86	486004.32	305593.91	333396.22
2008 年 12 月 22 日	863158.54	913254.55	574243.93	626487.45
2008 年 12 月 23 日	635685.27	672579.19	422910.04	461385.51
2008 年 12 月 24 日	797202.60	843470.66	530364.62	578616.10
2008 年 12 月 25 日	312442.23	330575.76	207862.22	226773.10
2008 年 12 月 26 日	226379.44	239518.05	150606.19	164308.03
2008 年 12 月 29 日	890130.70	941792.12	592188.02	646064.06
2008 年 12 月 30 日	959942.42	1015655.58	638632.51	696733.98
2008 年 12 月 31 日	99958.55	105759.94	66500.63	72550.72

注：国库最优现金支出需求模型是指本书前面第二部分所得出的模型（8），Baumol 模型是指 Baumol（1952）通过总量储备理论得出的最优现金储备模型 $Q = \sqrt{2Yb/Ti}/2$；结果 1 使用的年度收益率为表 8-1 中的市场平均收益率，结果 2 使用的年度收益率为表 8-1 中的存款利率，其他参数都不变，都采用表 8-1 的财政支出、银行间同业拆借市场平均利率和每天转换成本 b，其中 Baumol 模型没有涉及外部成本从而没有使用银行间同业拆借市场平均利率。

从中可以看出，年度收益率 Ti 的选择对国库最优现金支出需求的测算有一定的影响。选择存款利率作为年度收益率时，2006 年、2008 年，国库最优现金支出需求比选择市场平均收益率作为年度收益率时的测算结果大，而在 2005 年、2007 年出现了相反的结果，这种规律在两个模型中并没有什么差异。但对于国库最优现金支出需求的具体数值而言，两个模型表现出一些不同之处，各年度中，Baumol 模型测算结果都比本书得出的国库最优现金支出需求模型（8）测算结果大，国库最优现金支出需求模型

（8）测算出中国国库现金的最优存量平均水平在 558.9 亿～571.6 亿元①，而 Baumol 模型测算出来的结果在 381.9 亿～395.3 亿元（见表 8－3），产生这种差异的主要原因在于国库最优现金支出需求模型（8）考虑了政府外部暂时借款的可能，而 Baumol 模型却将政府借款成本假设为无穷大从而将外部暂时融资的可能性排除在外。根据测算的数据，考虑了政府外部暂时借款渠道以后，政府可以降低日常的资金储备，平均国库最优现金支出需求由 Baumol 模型的 560 亿元左右降到了 385 亿元左右，从而使国库现金需求水平大大下降。

表 8－3　2005～2008 年国库最优现金支出需求测算

单位：万元

年份	Baumol 模型测算结果 1	Baumol 模型测算结果 2	国库最优现金支出需求模型测算结果 1	国库最优现金支出需求模型测算结果 2
2005	1679715.45	1571728.65	1148571.16	1036236.98
2006	2945811.76	2982559.27	2031061.33	2069736.73
2007	16313138.81	15763233.16	11349964.46	10771882.24
2008	1925596.10	2037353.88	1281064.62	1397613.23
平均	5716065.53	5588718.74	3952665.39	3818867.29

注：国库最优现金支出需求模型是指本书前面第二部分所得出的模型（8），Baumol 模型是指 Baumol（1952）通过总量储备理论得出的最优现金储备模型 $Q = \sqrt{2Yb/Ti}/2$（以下同）。

上述从平均角度分析了国库现金需求额度区间，但事实上国库现金需求并非平稳不变，而是随时间不断波动，从 Baumol 模型测算得出的国库最优现金走势来看（见图 8－6），尽管出现一些支出需求的高点，但总体上在 450 亿元以下，而且大部分时间国库现金支出需求低于 150 亿元，这在图 8－7 国库最优现金支出需求模型测算结果中也表现出同样的特性。然而，国库现金支出需求波动仍然比较明显，这表明上述给出的最优国库现金支出额度是平均意义上的参考值，这种波动特征在开展国库现金管理过程中必须予以考虑，国库现金管理必须根据不同时间段的支出特征确定不同的参考值。

---

① 美国政府国库最优现金余额在 50 亿～70 亿美元，如果换算成人民币，那么在 350 亿～500 亿元，这与本书测算得出的我国国库最优现金余额较接近，从而说明了本书测算结果的合理性。

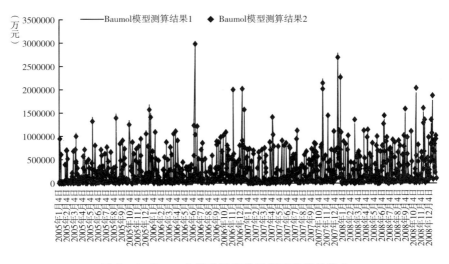

图 8 - 6　**Baumol** 模型测算的日度国库最优现金

注：结果 1 指使用市场平均收益率作为收益率指标测算的结果，市场平均收益率由市场上回购和短期中央银行票据收益率的平均值加权计算而得；结果 2 指使用存款利率作为收益率指标测算的结果，存款利率由各年度中国人民银行发布存款利率调整的若干利率加权计算而得。以下图形的结果 1 与结果 2 意义相同，为节省篇幅，均不做特殊说明。

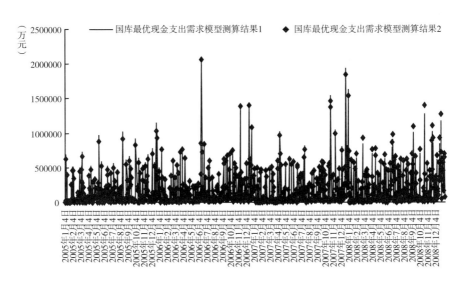

图 8 - 7　国库最优现金支出需求模型测算的日度国库最优现金

三　中央财政国库最优库底现金测算

上面从模型角度测算了每天国库现金需求总额，但总额并不表示国库库底就必须保持全额的国库现金，因为每天国库都会有大量的现金流收入，因而测算库底现金额度就必须将国库现金流收入扣除，以此测算的国库库底现金才能达到最优。根据上面测算的国库最优现金与国库现金流收入测算每天的库底现金，由于篇幅限制，这里以 2005 ~ 2008 年每年最后10 个工作日的国库库底现金测算结果为例来分析（见表 8 - 4）。从中可以发现，选择存款利率作为年度收益率时，2006 年、2008 年国库库底现金支出需求比选择市场平均收益率作为年度收益率时的测算结果小，而在 2005年、2007 年出现了相反的结果，这种规律在两个模型中并没有什么差异。但对于国库最优库底支出需求的具体数值而言，两个模型表现出一些不同之处，各年度中，Baumol 模型测算结果都比本书得出的国库最优现金支出需求模型（8）测算结果大，国库最优现金支出需求模型（8）测算出中国国库现金的最优库底现金平均水平在 614.2 亿 ~ 615 亿元①，而 Baumol 模型测算出来的结果在 642 亿 ~ 642.8 亿元，产生这种差异的主要原因在于国库最优现金支出需求模型（8）考虑了政府外部暂时借款的可能，而 Baumol 模型却将政府借款成本假设为无穷大从而将外部暂时融资的可能性排除在外。根据测算的数据，考虑了政府外部暂时借款渠道以后，政府可以降低日常的资金储备，平均国库最优现金支出需求由 Baumol 模型的 642 亿元左右降到了 615 亿元左右，从而使国库最优库底现金水平下降。

与国库现金需求相似，国库库底现金也并非平稳不变，而是随时间不断波动，从图 8 - 8 的 Baumol 模型测算国库最优现金走势，国库现金很多时间并没有缺口，而是产生盈余，这在基于国库最优现金支出需求模型测算得出的图 8 - 9 中也表现出同样的特性。然而，尽管国库现金流缺口总体水平没有大起大落，但波动仍然比较明显，这种波动特征在开展国库现金管理过程中必须予以考虑，这表明上述给出的最优国库库底现金是平均意

---

① 美国政府国库最优现金余额在 50 亿 ~ 70 亿美元，如果换算成人民币，那么在 350 亿 ~500 亿元，这与本书测算得出的我国国库最优现金余额较接近，从而说明了本书测算结果的合理性。

义上的参考值，国库现金管理可以根据不同时间段的支出特征确定不同的参考值。

表 8 - 4　2005～2008 年每年最后 10 个工作日国库库底现金测算

单位：万元

日　期	Baumol 模型		国库最优现金模型	
	Baumol 模型 测算结果 1	Baumol 模型 测算结果 2	国库最优现金 支出需求 模型测算结果 1	国库最优现金 支出需求 模型测算结果 2
2005 年 12 月 20 日	3494113.63	3498196.62	3514196.23	3518443.59
2005 年 12 月 21 日	- 196030.55	- 161956.32	- 28432.88	7013.13
2005 年 12 月 22 日	- 494937.03	- 456756.63	- 307142.76	- 267425.27
2005 年 12 月 23 日	- 1813821.41	- 1717202.99	- 1338593.67	- 1238085.54
2005 年 12 月 26 日	- 333823.43	- 324549.05	- 288206.42	- 278558.66
2005 年 12 月 27 日	- 53394.43	- 45721.83	- 15655.94	- 7674.45
2005 年 12 月 28 日	3811050.66	3827543.07	3892170.32	3909326.69
2005 年 12 月 29 日	- 265601.90	- 229289.10	- 86993.62	- 49218.92
2005 年 12 月 30 日	1047860.76	1058105.11	1098248.65	1108905.41
2005 年 12 月 31 日	- 218535.39	- 171487.69	12873.65	61815.42
2006 年 12 月 20 日	- 1375103.99	- 1394384.27	- 895163.04	- 915454.81
2006 年 12 月 21 日	231238.89	230263.35	255522.66	254495.95
2006 年 12 月 22 日	246685.12	244052.17	312226.96	309455.87
2006 年 12 月 25 日	394683.32	393482.10	424585.15	423320.91
2006 年 12 月 26 日	- 328996.03	- 332885.36	- 232179.41	- 236272.79
2006 年 12 月 27 日	- 1125013.36	- 1131537.12	- 962618.59	- 969484.59
2006 年 12 月 28 日	- 3282363.72	- 3285239.76	- 3210770.97	- 3213797.89
2006 年 12 月 29 日	1876693.48	1869898.99	2045827.63	2038676.68
2006 年 12 月 30 日	514782.43	511493.15	596661.95	593200.11
2006 年 12 月 31 日	275292.48	266601.37	491638.97	482491.90
2007 年 12 月 20 日	2472587.84	2476836.95	2510938.19	2515405.02
2007 年 12 月 21 日	- 730365.92	- 690881.56	- 373999.74	- 332492.24
2007 年 12 月 24 日	- 165865.94	- 154727.06	- 65331.97	- 53622.35
2007 年 12 月 25 日	1315913.69	1341036.21	1542656.99	1569066.75
2007 年 12 月 26 日	- 2936757.48	- 2857950.08	- 2225481.20	- 2142635.80
2007 年 12 月 27 日	- 330117.12	- 315797.45	- 200874.85	- 185821.45
2007 年 12 月 28 日	2003814.19	2010475.91	2063939.59	2070942.66
2007 年 12 月 29 日	213990.16	251889.83	556053.65	595895.26

续表

日期	Baumol 模型		国库最优现金模型	
	Baumol 模型 测算结果 1	Baumol 模型 测算结果 2	国库最优现金 支出需求 模型测算结果 1	国库最优现金 支出需求 模型测算结果 2
2007 年 12 月 30 日	− 1247357. 72	− 1247357. 69	− 1247357. 43	− 1247357. 39
2007 年 12 月 31 日	1490482. 93	1491526. 66	1499903. 11	1501000. 31
2008 年 12 月 18 日	− 39973. 33	− 44448. 76	− 14162. 53	− 18829. 81
2008 年 12 月 19 日	− 708945. 75	− 735605. 21	− 555194. 80	− 582997. 11
2008 年 12 月 22 日	1869006. 75	1818910. 74	2157921. 36	2105677. 84
2008 年 12 月 23 日	− 1598805. 70	− 1635699. 62	− 1386030. 47	− 1424505. 94
2008 年 12 月 24 日	− 1064842. 98	− 1111111. 04	− 798005. 00	− 846256. 48
2008 年 12 月 25 日	− 794712. 28	− 812845. 81	− 690132. 27	− 709043. 15
2008 年 12 月 26 日	− 513368. 86	− 526507. 47	− 437595. 61	− 451297. 45
2008 年 12 月 29 日	− 3273659. 56	− 3325320. 98	− 2975716. 88	− 3029592. 92
2008 年 12 月 30 日	− 2464628. 55	− 2520341. 71	− 2143318. 64	− 2201420. 11
2008 年 12 月 31 日	204352. 62	198551. 23	237810. 54	231760. 45

注：以国库现金流收入与表 8 - 3 测算得出的最优国库现金额度的差额来计算国库现金缺口，结果为正表明不存在缺口问题，结果为负则表明必须预留库底现金以应对支出缺口，其中缺口最大的就是国库最优库底现金。

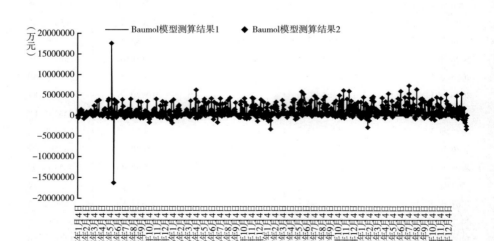

图 8 - 8　基于 Baumol 模型测算的日度国库库底现金

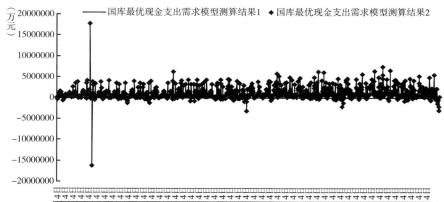

图 8 - 9　基于国库最优现金支出需求模型测算的日度国库库底现金

第三节　中央财政国库最优库底现金方案选择

国库最优库底现金测算的主要价值不仅在于给出政府最优的现金储备需求，为国库现金管理工作提供一个依据，防范可能的现金流风险，而且体现在它可以提高政府的现金管理效率。政府国库现金如果过多地超过国库最优库底现金余额水平，那么就表明政府存在现金闲置问题，即出现闲置国库现金的时间价值损失，从而体现出国库现金管理的低效率；同样地，如果政府国库现金低于国库最优库底现金余额，那么就体现了潜在的政府现金流风险，从而也表明国库现金管理的低效率。

然而，最优国库库底现金的确定不仅与财政体制有关（陈建奇和张原，2013），还与商业银行发展水平、债券市场发展程度和货币市场深化等因素息息相关。我国银行体系经过近年来的各种改革以后，银行业管理水平、竞争力和赢利能力都有了较大的提高。然而，与国际银行业相比，我国银行业依然存在较大的差距，国内商业银行防范和化解金融风险的长效机制还没有形成（陈建奇和张原，2014）。特别是，近几年我国在存量资产质量方面有了明显改善的同时，新账不良资产的产生却难以得到有效遏制。国内商业银行金融服务的广度、深度和效率都还比较低。按照 WTO

149

的有关规定，在 2006 年年底，我国的金融市场对外资银行完全开放，银行业进入一个崭新的发展阶段。因而，我国银行业还处于转型时期，还充满诸多不确定因素。

另外，我国债券市场仍处于发展之中，诸多问题仍然有待完善，比如，市场交易主体还比较单一，银行间债券市场交易主体仍然是以金融机构为主；市场交易工具还比较单一；债券市场流动性还存在一定问题，还没有形成合理的收益率曲线；银行间市场和交易所市场之间的联系还存在一定问题，仍然没有实现有效连通，导致债券市场出现分割。这些问题的存在决定了国库现金债券质押品及相关投融资的局限性。上述因素都表明我国开展国库现金管理的环境与发达市场经济国家之间仍然存在一定差距，因而最优国库现金余额的确定必须考虑我国的具体情况。

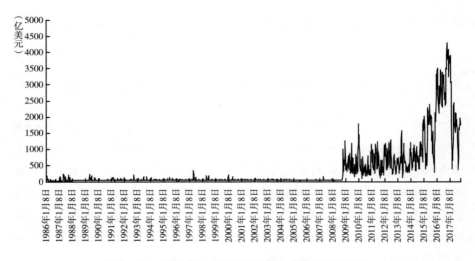

图 8 - 10　1986 年 1 月至 2017 年 1 月美国库底现金

美国作为世界上最发达的国家，其最优国库现金余额的确定也并非完全不变的，如图 8 - 10 所示，2008 年以前，美国国库现金余额尽管总体上保持在 50 亿美元左右，但并不平稳，也是随着不同的发展阶段而采用不同的存量水平。2008 年金融危机以来，美国政府为应对危机而采取大规模经济刺激计划，同时，由于 2009 年欧债危机和连续几年全球经济复苏乏力的影响，具有系统性经济影响的主要经济体均推行了大规模的经济刺激政策，量化宽松成为各国央行货币政策的主要取向。作为配套措施，国库保留的现金余额也大幅度上升。图 8-11 更为清楚地反映了美国国库现金在金融危机期间的大幅度上升现象，其中在 2008 年 12 月国库现金库底余额达到 1259 亿美元。

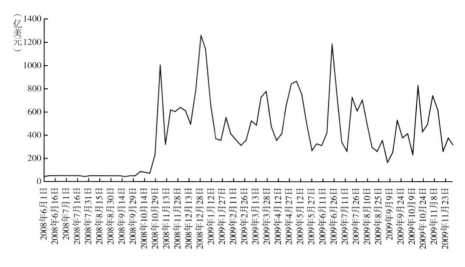

图 8-11 2008 年 6 月至 2009 年 11 月美国库底现金

此外，即使美国在遭遇金融危机之前，国库库底现金也仍然存在一定的波动（见图 8-12），但从 1986 年以来总体波动幅度有不断缩小的

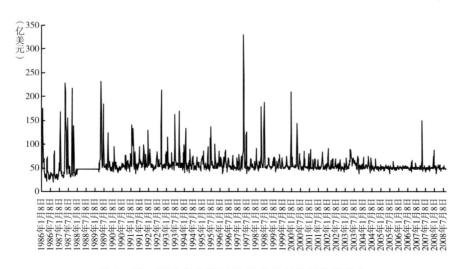

图 8-12 1986 年 1 月至 2008 年 7 月美国库底现金

趋势：20 世纪 80 年代波动较大，90 年代中期开始波动相对下降，而到 2008 年以前波动幅度已经下降到最低水平，如果没有遭遇全球性的重大经济危机，美国国库基本上保持在 50 亿美元的目标余额。这种变化与美国财政体制、国库管理制度日趋完善相关，也与国库收支系统趋于成熟相关。因此，随着财政管理制度的不断演进，国库收支预测也就较为准确，最优国库库底现金也就能真正实现保持相对平稳的目标。

根据对美国情况的考察与我国的现实情况，这里拟提出以下几种方案。

一　月度转轨型方案

安全性是国库现金管理首要准则，国库库底现金必须以满足财政日常支出需求为前提。尽管我国在 2006 年 6 月就已经出台《中央国库现金管理暂行办法》，但目前中央国库现金管理操作频率仍然较低，国库现金管理经验还不丰富，而且国库现金管理相关的日度收支滚动预测还没有实现，财政收支预测基本上以按季分月为基础，这与精细化国库现金管理仍然存在一定差距。为此，我国当前国库最优库底现金测算就难以精确到每天，而只能以月为单位来测算，中央财政以月度为基础将库底现金保留在月度最优国库库底现金水平，以此满足一个月的财政支出需求，从而国库现金管理不必关心每天的国库现金收支波动，而可以关注更长时段的国库现金管理操作，这为当前稳步推进中央财政国库现金管理提供了一种转轨型方案。

基于上述讨论，接下来首先分析近年来中央财政国库现金支出的月度特征。由于近年来年底往往出现支出上升的特点，为此，这里将考察每年 1～11 月财政国库现金支出需求，同时也分析每年 12 月的财政国库现金支出需求，具体结果在表 8 - 5。每年 1～11 月国库现金年均月度支出在 1300 亿～3100 亿元，平均支出为 2085.76 亿元；而每年 12 月国库现金支出在 3800 亿～7200 亿元，平均支出为 4883.33 亿元。总体来看，12 月国库现金平均支出比 1～11 月国库现金平均月度支出高出 2797.57 亿元。由此可见，中央国库月度最优库底现金必须区分 12 月份国库现金支出需求与其他月份支出需求的情况。

表 8 - 5　中央国库现金支出比较

年份	国库现金年均月度支出		1～11 月国库现金年均月度支出		每年 12 月国库现金支出		12 月国库现金支出与年度均值的差异(亿元)	
	绝对值(亿元)	年增幅(%)	绝对值(亿元)	年度增幅(%)	绝对值(亿元)	月增幅(%)	与年度平均支出的差异	与1～11年度均值差异
2004	1548.73	n. a.	1339.16	n. a.	3854.05	n. a.	2305.32	2514.89
2005	1719.44	11.02	1567.04	20.63	3395.82	-11.89	1676.38	1828.78
2006	2170.10	26.21	2003.52	27.11	4002.44	17.86	1832.34	1998.92
2007	2750.55	26.75	2455.48	32.08	5996.33	49.82	3245.78	3540.85
2008	3405.62	23.82	3063.59	30.20	7168.00	19.54	3762.38	4104.41
平均	2318.89	21.95	2085.76	27.50	4883.33	18.83	2564.44	2797.57

　　财政支出波动是决定最优国库库底现金的重要因素，上面关于财政国库现金支出的分析为最优国库库底现金测算提供了重要的依据，同时也给出了每年 12 月与其他月度分别考虑的重要思路。但除了支出之外，财政每个月都有收入，有时收入可以达到几千亿的规模，这些收入可以弥补很大部分的财政支出，中央国库库底现金只用于平滑财政国库现金每个月的收支缺口，而不是满足每个月的支出需求，因而，月度转轨型方案测算的中央国库最优库底现金是国库现金收支的最大缺口。为此，这里的分析基于每年 1～11 月财政国库现金收支缺口测算的最优国库库底现金，同时也分析基于每年 12 月财政国库现金收支缺口测算的最优国库库底现金，具体结果如表 8 - 6 所示。

表 8 - 6　月度转轨型方案中央财政最优国库库底现金

年份	1～11 月的最优国库库底现金余额			12 月最优国库库底现金余额		
	绝对值(亿元)	平均增幅(%)	预算执行平均增幅(%)	绝对值(亿元)	平均增幅(%)	预算执行平均增幅(%)
2004	388.97			2662.76		
2005	1044.07			1592.70		
2006	1075.01	43.58	27.50	2757.64	28.05	18.83
2007	137.00			3116.17		
2008	2044.78			5181.00		
测算结果	n. a.	2935.98	2607.09	n. a.	6634.52	6156.58

从结果来看，1～11月的最优国库库底现金余额平均增幅为43.58%，2008年达到2044.78亿元，以此增幅测算未来年度中央国库月度最优库底现金余额为2935.98亿元；采用预算执行月度平均增幅来看，未来年度1～11月的月度最优国库库底现金余额为2607.09亿元。12月最优国库库底现金余额平均增幅为28.05%，2008年达到5181.00亿元，以此增幅测算未来年度12月中央国库最优库底现金余额为6634.52亿元；采用预算执行月度平均增幅来看，未来年度12月中央国库最优库底现金余额为6156.58亿元。总体来看，中央财政最优国库库底现金为2940亿～6640亿元，具体来说，未来年度1～11月最优国库库底现金余额可以设定为2940亿元，而12月最优国库库底现金余额应设定为6640亿元。这是月度转轨型方案的情况，在适当条件下，我国作为转轨国家还可以继续向日度转轨型方案推进。

二 日度转轨型方案

上面的月度转轨型方案主要侧重于以月为单位设定国库现金余额，以此实施国库现金管理操作。然而，在现实生活中，发展中国家通过市场化改革，金融市场会不断发展，货币市场、国债市场交易规模及效率会大幅度提升。我国目前已经建成了较为发达的银行间市场，货币相关操作将日趋灵活，在这种制度环境下，国库现金投融资工具将不断丰富，操作频率也可以不断提高，国库现金管理未来可以逐步灵活。为此，高效国库现金管理必然要求以日度最优国库库底现金为前提，这就必须将月度转轨型方案转为日度转轨型方案。

与月度转轨型方案相似，日度转轨型方案测算的中央国库最优库底现金是每天国库现金收支的最大缺口。根据数据的可得性，为测算国库现金收支缺口，这里以2005～2008年每天国库现金流收入与支出的差额来计算，从表8-7表示测算得出的国库现金流收支缺口可以看出，国库现金流缺口大部分时间在1000亿元以内，只有2006年超过1000亿元，当年国库现金流缺口达到1058.7亿元。

根据上述的历史数据分析可以知道，我国日度转轨型中央国库现金流缺口范围为567亿～1059亿元，2005～2008年国库库底现金大多数时间可以保持在这个范围之内。根据安全性、流动性、收益性原则，库底现金的测算必须以弥补国库现金流收支缺口为前提，确保每天国库现金流支出都不会发生危机。从这个意义上，最优国库库底现金额度必须以弥补最大的现金流缺口为前提，按照经验数据，日度转轨型方案中央国库最优库底现金应保持在 1060 亿元，考虑存在 10% 的误差，可以得出该方案最优国库现金区间为 964 亿 ~1166 亿元。

表 8 - 7 日度转轨型方案中央国库最优库底现金

单位：亿元

年份	最优国库现金
2005	567.30
2006	1058.71
2007	958.63
2008	823.93

三 目标型方案

尽管上述方案都具有其合理性，然而，这些方案没有考虑市场投融资成本，比如不同时间的筹资成本可能存在差异，每天不必保持足够的资金弥补国库现金流收支缺口，而是可以通过更长期限的国库现金流投资来获得更高收益，同时利用货币市场获得成本相对较低的资金来满足暂时的支出需求。因而，在市场化程度足够高的情况下，比如很多发达国家就实现了上述的运作，这就是国库最优库底现金的目标型方案，即依赖于高度发达的金融体系及高效的货币市场，根据市场条件测算满足日常支出需求而需要保留的资金，在此基础上，通过每天国库现金流收入与日常需要的现金的偏差来测算国库最优库底现金。这种测算在上述第二部分已经完成，具体见表 8 - 8。从表 8 - 8 可以看出，中央国库最优现金的最优库底现金平均水平在 614.2 亿 ~615 亿元[①]，这个结果考虑了 2005 年国库退库导致国库现金收支缺口快速上升的情况。如果将这种因素剔除，那么最优国库库底现金目标余额为 280 亿元，综合来看，目标型方案中央最优国库现金区间为 280 亿 ~615 亿元。

---

① 美国政府国库最优现金余额在 50 亿 ~70 亿美元，如果换算成人民币，那么在 350 亿 ~500 亿，这与本书测算得出的我国国库最优现金余额较接近，从而说明了本书测算结果的合理性。

表 8 – 8　　2005～2008 年国库最优库底现金测算

单位：万元

年份	Baumol 模型 测算结果 1	Baumol 模型 测算结果 2	国库最优现金支出 需求模型测算结果 1	国库最优现金支出 需求模型测算结果 2
2005	16218125.00	16212224.70	16189103.87	16182966.06
2006	3282363.72	3285239.76	3210770.97	3213797.89
2007	2936757.48	2857950.08	2225481.20	2142635.80
2008	3273659.56	3325320.98	2975716.88	3029592.93
平均	6427726.44	6420183.88	6150268.23	6142248.17

　　总体来看，上述方案适合我国不同阶段的国库现金管理，当然，这些方案都不是最终目标方案。在未来社会发展过程中，金融市场广度和深度将不断深化，各种高流动性高安全性的金融产品，可以满足各种投资需求，任何资金闲置都可能带来机会成本损失，而任何时候的资金缺口都可以通过一定的成本迅速从市场上完成融资，这不仅对居民资金持有方式产生了深远影响，而且对国库现金管理也会形成新的需求。为适应这种变化，国库现金管理必然要向专业化、精细化、科学化发展，国库现金管理在制度安排、技术手段和人员配置等方面都将同步推进，与发达的金融体系形成无缝衔接。在此情形下，国库现金管理部门将实现高效的国库现金资源配置，真正实现闲置现金收益最大化和融资成本最小化，而且，国库现金管理部门将实现动态管理，国库收支实现真正的动态匹配，最优国库库底现金最终将降为财政预备金水平，甚至为零。

第九章
提升中国财政国库现金
管理效率的制度选择

　　欧美等主要发达国家实行的高效国库现金管理制度为提升我国财政现金管理效率提供了有益参考。根据发达国家国库现金市场化管理制度安排的经验，实现国库现金市场化管理高效目标有赖于深层次的制度变革。其中最核心的是进行账户体系的设计创新，即通过账户结构变化来分流国库现金，从而促使国库现金存量形式发生改变，最终实现国库库底现金目标余额的稳定，同时也通过其他账户实现投资收益。总体而言，在推行国库现金管理制度改革的过程中，一般保持中央银行国库账户不变，同时在商业银行开设投资账户，即闲置国库现金通过投资账户在货币市场投资并获取收益。当然，投资账户的形式存在较大区别，即有些是直接在商业银行开设定期存款账户，比如美国政府；而有些是开设清算账户，以此实现国库现金进入货币市场的通道。按照这种账户体系，政府可以在中央银行国库账户保留最优库底现金余额，满足财政国库每日的支出需求，而其他国库现金则可以转入投资账户，达到分流国库现金的目标，既实现闲置国库现金过量累积在中央银行国库账户而导致的商业银行储备急剧收缩，同时又实现了闲置国库现金投资的主动性。

　　尽管我国中央财政目前也开设了中央银行国库账户，但闲置国库现金的投资账户设置与相关机制设计仍然没有完成，目前仅仅尝试将部分国库现金分流以作为商业银行定期存款，国库现金管理活动仍然比较被动，中央银行国库账户的国库现金仍然远远高于最优库底现金水平，这些因素在某种程度上制约了我国中央财政国库现金管理制度的改革深化。为了实现高效国库现金管理制度改革，我国中央财政需要着手进行账户体系建设与创新设计，即借鉴发达国家经验，在商业银行开设中央财政投资账户，为国库现金在中央银行国库账户与投资账户之间能进行动态转换提供条件，为国库现金管理制度改革的主动性奠定基础。然而，为实现相关的账户体系优化，首先必须推动当前央行经理国库制度的优化。

第一节　中国财政国库现金市场化管理：央行经理国库制度优化

一　独立金库制不是中国财政国库现金市场化管理的最优选择

独立金库制最主要的优点在于可以比较有效地保障国库现金的安全。2003 年左右，有些学者认为中国国库现金管理制度改革的目标模式应是独立金库制，其主要原因在于，当前中国央行经理国库下，国库机构不健全，职能弱化，国库现金缺乏有效的监控机制，从而必须实行独立金库制以加强监管，保证国库现金安全。这种观点过多地推崇独立金库制保障国库现金安全的优点，却忽略了其潜在的不足或者可能带来的负面影响。独立金库制与央行经理国库的委托金库制同属于单一金库制，它们对货币政策效应产生的影响及其影响机制是类似的，即国库现金变化会对基础货币、货币供应量和银行信贷等方面造成显著的扰动，而中国现阶段实行的是单一金库制中的委托金库制，因而，独立金库制并不能有效熨平当前中国国库现金对货币政策效应的影响（张原和陈建奇，2011）。

另外，独立金库制度在实践中也不一定具有适用性。19 世纪 40 年代后美国开始实行独立金库制。1861 年美国内战爆发打破了预算平衡，高额的战争费用促使政府向银行借款并开始发行纸币，违背了《独立金库法》规定的政府和银行不得进行资金往来、财政收支必须是黄金等硬币的规定，独立金库制开始出现了明显的"不独立"。此外，独立金库制下国库现金变化代表流通中基础货币的扩张和收缩，游离于流通体系之外的国库现金势必对货币供应量造成很大的影响。Taus（1943）研究指出，独立金库制使得基础货币由于预算的波动而发生变化，国库收入的季节性变动往往将货币储备从流通领域中分离出来，因此，和平时代财政预算盈余可能导致长时间的通货紧缩。在 1896 年之前在将近二十年时间内物价不断下降，与此相对应的是，同期国库现金从 5100 万美元上升到 2.58 亿美元，这与总共 10 亿美元左右的基础货币形成了强烈的对比。美国联邦政府在实践中由于独立金库制的种种问题而逐渐放弃该制度，并于 1914 年美国联邦储备银行建立后结束了独立金库制。可见，独立金库制不是当前中国国库现金市场化管理的最优选择。

二　银行存款制不是中国财政国库现金市场化管理的最优选择

在银行存款制下，国库现金没有离开流通领域，而是作为存款放在商业银行，国库现金变化只是反映社会资金所有权的转移，不会造成基础货币的收缩和扩张，从而不会像单一金库制那样引起货币政策操作目标和货币政策中介目标等重要变量的显著扰动，对货币政策效应的影响程度较弱。从这个意义上说，银行存款制可能优于独立国库制而成为理想的制度。

然而，银行存款制下国库现金容易受到利益集团的影响，弱化商业银行接受国库现金存款的竞争性，增大国库现金的不确定性，容易诱发风险，影响货币市场或者银行体系的稳定性。进一步地，银行存款制下，政府不设专门国库机构管理国库现金，商业银行将国库现金作为存款，国库现金成为商业银行的信贷基础，因而，国库现金的安全就完全依赖于银行体系的安全性。银行体系的脆弱性不仅可能导致国库现金的损失，而且可能由于国库现金的注入提高扩张倾向，反过来加速银行体系的不稳定性。19 世纪 30 年代，美国联邦政府实行银行存款制，将国库现金存储于各州银行，助长了州银行的扩张倾向。许多州银行以政府财政国库现金存款为基础，有恃无恐地大肆扩张贷款和贴现，超量发行银行券，大量银行贷款流向土地投机，于是出现了 1837 年的金融恐慌和萧条（陈明，2003）。虽然不能说美国联邦政府实行银行存款制导致了危机的爆发，但可以肯定的是这种制度加速了危机的到来。因此，银行存款制的前提是稳定发达的银行体系，否则可能导致危机的发生，对货币金融体系将产生严重的负面影响。

中国银行体系经过近年来的各种改革以后，银行业管理水平、竞争力和赢利能力都有了较大的提高。然而，与国际银行业相比，中国银行业依然存在差距，国内商业银行的国际竞争力依然有待提升，防范和化解金融风险的长效机制还有待完善，尤其是存款保险制度有待实现。按照 WTO 的有关规定，在 2006 年年底，中国的金融市场对外资银行完全开放，未来随着利率市场化、汇率市场化的稳步推进，银行业还将面临新的挑战。因而，中国银行业还处于转型时期，充满了不确定因素。在这种情况下，如果将中国国库现金管理制度由委托金库制完全转向银行存款制，那么国库现金可能面临较大的风险。由此可以看出，银行存款制也不是当前中国国库现金市场化管理的最优选择。

三 混合金库制是中国财政国库现金市场化管理的最优选择

混合金库制是指独立金库制与银行存款制在某种程度上的混合，其兼具单一金库制和银行存款制的优点。根据美国等发达国家的经验，一方面，混合金库制下，中央银行国库账户的国库现金余额保持相对稳定，从而不会像单一金库制那样对基础货币造成显著扰动；另一方面，闲置国库现金投资运作，能够提高货币市场流动性，同时，地方政府对闲置国库现金的投资需求内生推动公共机构投资者的发展，促进金融市场对货币政策的反应，提高货币政策有效性；另外，政府由于国库现金赤字债券融资而增加短期债券供给，有利于发展短期国债市场，促进市场基准利率的形成，从而有利于公开市场操作的实施，提高货币政策有效性。对于国库现金安全方面，混合金库制比银行存款制有所提高，主要表现在以下两个方面：一方面，混合金库制具有专门的国库机构管理国库现金，在闲置资金投资运作时遵循国库现金管理制度规定的安全性、流动性和收益性原则，把安全性和流动性放在首位，从制度上保证国库现金的安全；另一方面，混合金库制下国库现金投资不仅仅局限于银行存款，而是根据市场条件选择多种金融产品，实现投资的多样性，分散风险，降低了不确定性。因而，混合金库制克服了传统国库现金管理制度的一些缺陷，吸收了各自的一些优点，属于比较理想的制度模式。

混合金库制在理论上属于比较完善的制度模式，在现实生活中也具有较高的适用性，发达市场经济国家较多采用该制度。美国联邦政府采用混合金库制，保留 50 亿美元左右的日常资金在美联储国库账户中，以满足日常的财政支出需求，其他的存入商业银行的特殊账户——国库税收与贷款账户，商业银行提供债券作为抵押，以保证国库现金的安全。通过这种方式，保持美联储国库账户资金的基本稳定，可以使中央银行的基础货币数量不会因国库现金的波动而发生变化，商业银行国库现金存款的债券抵押由专门的机构实时监控，保证了国库现金的安全。英国政府也推行混合金库制度，在英国中央银行英格兰银行国库账户中保留日常资金 2 亿英镑左右，其他的则进入发达的货币市场进行投资，并由英国政府特设的债务管理局专门管理，国库现金的操作充分考虑中央银行的货币政策，按照这种方式，有效地降低了国库现金对货币政策的影响。

可见，中国可以借鉴发达市场经济国家的经验，将混合金库制度作为国库现金市场化管理的目标模式。其主要思想如下：保留中央银行现有的国库机构，但必须给予较高的权限并配备专业人员，专门管理国库现金，国库机构中的国库账户资金以满足日常支出需求为限，其他的闲置国库现金通过投资或者存款回到流通领域，从而使国库现金对基础货币的影响降到最低水平。鉴于现阶段中国金融市场仍然存在诸多不确定性，可以首先尝试将国库现金作为存款存放在合格的商业银行，为保证安全性，可以适当提高国库现金的债券抵押比例，当然这样做的直接后果是，可能使商业银行的信贷扩张受到限制。国库机构必须对债券抵押比例、国库现金运作原则等进行严格的日常监督，根据市场风险评估和市场发展水平，及时调整国库现金的投资组合，以保证国库现金的安全性。

第二节　中国财政国库现金市场化管理：
闲置国库现金投资方式选择

混合金库制下，超过政府国库最优资金存量水平的闲置国库现金必须通过投资转换成商业银行存款或者货币市场金融工具等资产，使闲置国库现金返回流通领域，否则就无法保证央行国库账户资金余额稳定在最优资金存量水平，从而会像单一金库制那样对货币政策效应造成显著影响，同时会造成闲置资金的时间价值损失。政府应采取何种方式使闲置国库现金返回流通领域，以保持国库机构中的国库现金余额的相对稳定性？由于央行对冲外汇增长等原因，当前中国货币投放较快，经济层面也表现出部分行业投资过热的情形，因而从现实角度看，闲置国库现金的操作不宜采取极端的做法，否则大量闲置国库现金流入市场，势必影响当前中国政府宏观调控政策，与稳健的货币政策相左。但从长远来看，国库现金的不断增长促使闲置国库现金逐渐变成"笼中虎"，如果任凭其增加而没有做出相应的调整，只能导致日后改革更加困难，而且导致巨额闲置资金的时间价值成本损失。因而，从长远来看，必须采取渐进方式对闲置国库现金进行投资运作，使闲置国库现金返回流通领域。当然，对于采取何种方式来平滑闲置国库现金，同样必须结合现阶段中国的现实状况进行分析，可以考虑以下几种形式。

一　部分闲置财政国库现金用于偿还到期国债

自 1998 年以来，中国实行积极的财政政策，政府发行大量国债拉动内需，促进了经济的发展，国债对保持中国经济平稳运行做出了重要的贡献，但导致的直接结果是国债余额的急剧上升。尽管加入 WTO 后中国经济进入了新的景气周期，财政收入持续快速上涨，但中国政府债务仍然持续上升，截至 2013 年年底中央财政国债余额达到了 8.7 万亿元，如果考虑地方政府融资平台规模及隐性债务，那么政府的债务压力将急剧增大，国债水平上升导致还本付息压力增大，也增大了财政风险水平。

借鉴国际通行做法，如果财政收支盈余处于较低水平，闲置国库现金存量不高，那么一般采取发行新债还旧债的方式来应付国债到期，但如果有大量闲置国库现金，那么就必须考虑用闲置国库现金来偿还到期国债。事实上，国债发行收入是国库现金的重要来源之一，如果一个国家国债余额和闲置国库现金都处于较高水平，那么就从一个侧面意味着国家将国债的发行收入闲置在国库之中，一方面是国债的利息成本支出，另一方面是国库现金闲置的时间成本损失，这不符合一般的经济原则，最终体现出纳税收入的低效率使用。因而，针对当前中国闲置国库现金处于高位的情况，可以考虑使用部分闲置国库现金偿还到期国债的方式，使闲置国库现金返回流通领域。

二　其他闲置财政国库现金投资于货币市场

对中国来说，现阶段将部分闲置国库现金用于国债偿还，不仅符合当前中国的实际情况，也有益于经济的长远发展。然而，这并不表明政府可以不拥有任何闲置国库现金，对于政府而言，社会充满各种不确定性，政府必须具备对各种危机和突发事件做出积极反应的能力，因而，政府有必要保留适当的闲置国库现金，以应对各种风险。这就产生了一个问题——如何管理这些闲置国库现金？资金的闲置必然意味着资金的时间价值损失。

政府应采取何种方式使闲置国库现金返回流通领域，以保持中央银行国库机构中的国库库底现金余额的相对稳定性和闲置国库现金的收益最大化？由于大量闲置国库现金进入流通领域可能对货币市场产生一些扰动，而且市场质押品可能难以满足大量国库现金的质押需求，因而从现实角度看，闲置国库现金的操作不宜采取极端的做法。但从长远来看，国库现金的不断增长促使闲置国库现金存量不断攀升，如果任凭其增加而没有做相应的调整，只能导致日后改革更加困难，而且导致闲置资金的时间价值成本损失。因而从长远来看，必须采取渐进方式对闲置国库现金进行投资运作，实现闲置国库现金的投资收益。当然，对于采取何种方式来平滑闲置国库现金，同样必须结合现阶段中国的现实状况进行分析，可以考虑以下几种形式。

（1）商业银行定期存款

国库现金管理对资金的安全性要求较高，商业银行定期存款收益稳定，而且一般都有质押品保障资金安全，因而配合各种期限要求对应相应期限的商业银行定期存款，是国库现金投资管理最主要的保值增值工具。从发达市场经济国家经验来看，通常选择一定数量的资产规模较大、资产质量较好的商业银行，并在此范围内通过存款利率公开招标的方式进行商业银行定期存款。当然在商业银行接受国库现金定期存款时，往往要求提供相应的质押品。作为我国实行中央国库现金管理后的首次尝试，财政部、中国人民银行于2006年12月6日以利率招标方式进行了首次中央国库现金管理商业银行定期存款招投标，并要求中标银行提供可流通国债现券作为质押，质押国债的面值数额为中标存款金额的120%。目前中央国库现金转为商业银行定期存款的操作已经实现了多次，而且受到了市场的积极响应，国库现金收益水平也稳步上升，预计在未来国库现金管理过程中，商业银行定期存款仍将是闲置国库现金的主要投资方式，但考虑到有些商业银行可能存在国债不足的问题，可以考虑以央行票据进行质押。

（2）债券投资

债券是重要的投资方式，而安全等级较高的国债或者市政债券、央行票据等都是国库现金投资的重要对象，结合我国目前债券市场状况，财政国库现金投资债券可以在国家相关部门允许的情况下考虑购买国债、央行票据及未来的地方政府债券，当然借鉴发达经济体的普遍做法，国库现金涉及的债券操作也涉及回购、逆回购等业务（张原和陈建奇，2011）。

债券回购业务是指买卖双方在成交某笔债券现货交易的同时约定在未来某一时间以某一价格和同一数量再进行反向交易（即原买方变为卖方，原卖方变为买方）。该项业务的开展，有利于持券方和有资方调整自己的投资组合。债券回购在提高债券市场流动性方面发挥着重要的作用，它也是国库现金管理市场操作的一种重要手段。债券回购业务是债券现货交易的衍生品种，是一种以债券为质押品拆借资金的信用行为，在交易中买卖双方按照约定的利率（年利率）和期限，达成资金拆借协议，由此融资方（买方）以相应的债券库存做足额质押，获取一段时间内的资金使用权；融券方（卖方）则在此时间内暂时放弃资金的使用权，从而获得相应期限的债券质押权，并于到期日收回本金及相应利息。一笔回购交易涉及两个交易主体（以券融资方和以资融券方）、二次交易契约行为（初始交易和回购期满时的回购交易）以及两次清算。在具体执行时，国库现金管理机构一般只是作为普通的市场参与者进行回购交易，但也有一部分国家的国库现金管理机构在进行债券特别是国债回购交易前需要与中央银行进行协调，确保其交易与中央银行公开市场业务同向操作。

（3）货币市场其他投资

除了上述国库现金投资方式之外，近年来，一些主要发达国家，如英国、法国、德国、加拿大、荷兰、澳大利亚等国，在开展国库现金管理业务时，均把国债利率互换交易作为一项重要的市场操作工具加以运用，达到缩短国债久期和降低国债利息支出的目的。利率互换是指在约定期间内，交易双方同意定期交换利息支付方式的一种交易，常见的利率互换是交易中的一方将其浮动利率转换为固定利率，另一方则将固定利率转换为浮动利率，或双方将不同利率基准的浮动利率进行互换。随着我国国库现金管理操作的启动以及国债利率互换交易的择机推出，未来我国将在借鉴国际经验的基础上，紧密结合我国实际情况，着手研究在国库现金管理操作中引入此项交易的必要性和可行性，并在时机成熟时，积极开展国债利率互换操作，以期尽可能减少国债利息支出，促进国库现金管理操作的改善和国债利率互换市场的健康发展。

第三节　中国国库现金市场化管理：短期国债融资制度选择

实行混合金库制度改革，一个重要内容就是滚动发行短期国债，确保央行国库账户资金余额稳定在最优资金存量水平，从而熨平国库现金波动对货币政策的影响，同时避免发生现金流危机。国库现金需要通过发行短期国债进行弥补的主要有以下两种情形：一是没有闲置国库现金，即国库现金发生季节性的短期赤字，从而通过发行短期国债弥补；二是闲置国库现金已经用于货币市场投资，但新的国债筹资成本低于闲置国库现金当时的投资收益水平，从而发行短期国债弥补央行国库账户的国库现金缺口比出售闲置国库现金投资的资产更有利。

西方发达市场经济国家一般将发行短期国债弥补国库现金不足作为一项常规事务。发行短期国债是美国财政部国库现金管理的重要手段。美国财政部滚动发行的短期国债包括：每周一发行的期限为 13 周和 26 周的短期国债，每周二发行的期限为 4 周的短期国债，以及有临时现金需要时发行的期限为几天至十几天不等的短期国债。短期国债的发行量通常由财政部根据国库现金流量预测情况提前几个月大体确定下来，并在发行前一周进行适当微调。英国政府除了滚动发行短期国债外，也会特别发行期限不超过 28 天的短期国债。这种短期国债的发行是为了满足不能方便地通过每周定期的短期国债拍卖来弥补的临时国库现金支出的需要，为英国政府提供了平抑国库现金波动的附加工具，从而能够更加精确地熨平国库现金波动（刘菲菲，2005）。

中国推行混合金库制度改革，必然也面临着国库现金债券融资问题。尽管财政融资还有另一种方式，即向中央银行透支借款的方式，但是，1993 年 12 月 25 日，《国务院关于金融体制改革的决定》正式下发，文件要求"财政部停止向中国人民银行借款，财政预算先支后收的头寸短缺靠短期国债解决，财政赤字通过发行国债弥补"，1994

年后法律规定透支借款不再是中国弥补财政赤字的方式。因而中国国库现金融资问题也只能通过发行短期国债解决。然而，这种方式是否可行，其对现阶段财政状况将造成怎样的影响，是否会造成国债不可持续？这些问题的回答有赖于对当前状况的判断，以及对国债可持续性的重新认识。

一 模型分析

国债是财政学的一个经典问题，判断国债对宏观经济效应影响的研究成果极为丰富，但并没有形成一致的结论。本节接下来将对此进行专门分析，首先通过模型阐述国债与经济动态效率关系的命题，并在此基础上对当前的经济形势进行判断，然后对现阶段推行的混合金库制度改革、滚动发行短期国债进行评价。本节采用不确定性两期代际交叠模型进行研究，确定性经济中的两期代际交叠模型（OLG，Over-lapping Generations）最先由 Samuelson（1958）提出，后来 Diamond（1965）对其进行了扩展，本书采用的是在 Zilcha（1990）将不确定性引入两期代际交叠模型基础之上而发展起来的随机两期模型。

（1）基本模型

假设市场经济由个人和企业组成，个人生存两期：青年期和老年期，第 t 期的青年人将在 $t+1$ 期变为老年人。每期存在一代青年人和一代老年人。假设每个人在青年时期无弹性地提供 1 单位劳动而获得工资，每个人将得到的工资分成当期消费和储蓄，如果有政府债券，也可以将部分储蓄用于债券的购买。老年人不工作，消费年轻时的储蓄和资产收益。t 期出生的人面临最大化问题：

$$\max u(c_{1,t}) + E_t v(c_{2,t+1})$$
$$s.t.\ c_{1,t} + s_{t+1} = w_t \tag{1}$$
$$c_{2,t+1} = R_{t+1} s_{t+1}$$

这里 $c_{1,t}$，$c_{2,t+1}$ 分别表示 t 期出生的人年轻和年老的消费，E_t 是时期 t 的期望，$u(c_{1,t})$、$v(c_{2,t+1})$ 都是严格凹函数，R_{t+1} 是资本回报率，s_{t+1} 是储蓄水平，w_t 是 t 期的工资。于是当 R_{t+1}^f 为国债无风险资产回报率时，可以得到最优化的一阶条件是：

$$u'(c_{1,t}) = R_{t+1}^f E_t v'(c_{2,t+1}) \qquad (2)$$

对于企业，假设企业的生产函数是一次齐次的，即 $Y(t) = F(K_t, N_t, \theta_t)$，$K_t$ 表示 t 期资本存量水平，N_t 表示 t 期劳动者数量，θ_t 表示自然的状态，$\{\theta_t\}(t = 0,1,2,3\cdots)$ 表示已经发生的历史状态系列，人均劳动产出为 $y_t = f(k_t, \theta_t)$，k_t 是人均资本存量。假设 $f(\cdot)$ 满足以下条件：$f' > 0, f' < 0$，$f'(0, \theta_t) = \infty, f'(\infty, \theta_t) = 0$。假定要素市场是竞争的，于是可以知道资本的回报率是 $R_t = \partial f / \partial k_t$，工资 $w_t = f(k_t, \theta_t) - k_t(\partial f / \partial k_t)$。自然状态 θ_t 是随机的，于是资本的回报率也是随机的，这与政府债券的无风险回报率不同。

（2）动态效率

动态效率是经济增长、公共财政以及资产定价等领域研究的核心问题（Abel et al.，1989）。Phelps（1961）将资本的边际产量等于实际经济增长率的资本存量水平称为黄金律（Golden Rule）水平。Diamond（1965）最早注意到资本存量偏离黄金律水平的动态效率问题，并通过确定性两期代际交叠模型证明了当经济增长率超过资本的边际产量时，竞争经济可能会出现过度积累的均衡，这样的经济被称为动态无效的经济，反之称为动态有效经济。在一个动态无效的经济中，资源配置不再是帕累托最优：人们可以通过减少资本存量、增加消费来提高当期社会福利水平。但 Abel et al.（1989）和 Zilcha（1990，1991）认为 Diamond 的动态效率判断方法并不合理，理由是确定性经济意味着经济变量不存在不确定性，这就无法区分利率水平是指资本的边际产出率还是国债的真实利率，也没有考虑经济增长率和资本品相对价格波动等情况。对此，Abel 等人将随机性引入模型，研究了不确定性经济中的动态效率问题，提出了 AMSZ 法则，Zilcha 提出了判断动态效率的充要条件。根据研究需要，这里也给出随机条件下的动态效率定义。

动态效率定义：假设 t 期在自然状态 θ_t 出生的人的效用为 $\Omega(\theta_t)$，即

$$\Omega(\theta_t) = u(c_{1,t}(\theta_t)) + E_t\{v(c_{2,t+1}(\theta_{t+1})) \mid \theta_t\} \qquad (3)$$

如果不能重新分配资源使得 $\{\theta_t\}$ 中某个状态 θ_s 的效用水平 $\Omega(\theta_s)$ 上升而没有导致其他任何一个状态 θ_t' 的效用 $\Omega(\theta_t')$ 下降，那么就称当前的均衡水平处于动态有效，反之则称为动态无效（Abel et al.，1989）。

由此可见，动态效率跟帕累托效率有着紧密的关系，动态有效意味着无法重新分配资源使其中至少一个个体的状况得到改善而不使其他人的状况受损，动态有效不存在帕累托改进的余地。

命题 1（AMSZ 法则）：如果对于所有时期 t 和所有自然状态，都有 $R_t/V_t \leqslant -\varepsilon < 0$ 成立，那么均衡经济是动态无效的；如果对于所有时期 t 和所有自然状态，都有 $R_t/V_t \geqslant \varepsilon > 0$ 成立，那么均衡经济是动态有效的（Abel et al.，1989）[1]。

在命题 1 中，V_t 表示经济在 t 期有形资产的总市场价值，R_t 是 t 期总资本的净收益。这个判断法则的应用与其他增长模型（Solow，1970）实证检验时对变量的要求不同的是，该法则使用的变量不需要严格的会计标准、折旧标准和通货膨胀的考虑，而只要比较经济生产部门的资金流入和流出。该准则的直观意义是：如果一个经济的产品从企业到投资者是净流出，那么均衡经济是动态有效的；如果一个经济的产品从企业到投资者是净流入，那么均衡经济就是动态无效的。Abel 等人利用这个法则使用美国 1929 ~ 1985 年的长时间序列数据进行了检验，发现检验时期内的各期数据都满足 $R_t/V_t \geqslant \varepsilon > 0$，并据此得出美国经济动态有效的结论。然而 Abel 等人并没有阐述数据选取的时间区间的合理性，而且没有讨论检验的时期是否足以表明没有纳入检验区间的各个历史时期和未来的各个时期各个状态下也是满足 $R_t/V_t \geqslant \varepsilon > 0$，因此按照 Abel 等人使用有限的时间序列数据简化 AMSZ 法则判断经济动态效率的方法未必科学，其因此所得到的结论在逻辑上未必严密。就理论而言，AMSZ 法则也只给出了动态效率的充分条件，未能完整反映动态效率的特征，要对动态效率做出客观评价，需要做更多角度的研究，从更多角度来综合说明经济的动态效率问题。对此，Zilcha（1991）提出了判断动态效率的一个充要条件。

命题 2：动态效率的充要条件（Zilcha，1991）。经济处于动态有效的充要条件[2]是：

---

[1] 命题的证明可以参考 Abel et al.（1989）。

[2] 命题的证明可以参考 Zilcha（1991）。

$$Eln[f'(k(w))] \geq \ln(1 + n) \quad 或者$$
$$Eln[R(w)] \geq \ln(1 + n) \tag{4}$$

同样地，经济处于动态无效的充要条件是：

$$Eln[f'(k(w))] < \ln(1 + n) \quad 或者$$
$$Eln[R(w)] < \ln(1 + n) \tag{5}$$

这里 n 代表经济增长率，$R(w) = 1 + r(w) = f'(k(w))$，$r(w)$ 为利率水平，可以发现在确定性经济中 $r > n$，有 $Eln[1 + r(w)] = \ln(1 + r) > \ln(1 + n)$，从而得出经济动态有效的结论，但是在不确定性环境中经济动态无效 $Eln[1 + r(w)] < \ln(1 + n)$ 却未必能推出 $r < n$ 这个确定性经济中的动态无效的条件。这说明了确定性经济中将利率和经济增长率直接比较来判断动态效率问题跟随机经济条件下的判断标准产生了差异，其主要原因在于不确定性经济充分考虑了一些实际经济变量的随机性，相应的动态效率标准蕴含了经济变量上下波动的可能。

（3）动态效率与国债融资策略

下面将首先探讨国债滚动发行的融资策略对社会福利的影响以及相关政策可行性，并进而研究具体经济形势下国债的滚动发行策略问题，即分析动态无效经济条件下国债滚动发行策略的可行性，在对具体的问题进行分析之前，首先给出一个定义。

庞氏策略[①]定义：政府推行还本付息的国债政策，如果债务与 GDP 比率的上确界不超过可持续债务 GDP 比率的上限，那么就将这种国债政策称为可行庞氏策略，否则称为不可行庞氏策略。

定义中的可持续债务 GDP 比率的上限可以用经验值，如《马斯特里赫特条约》（以下简称《马约》）规定的可持续债务 GDP 比率为 60%，本书的定义中没有给出可持续上限的具体数值，主要是不希望引起具体数值带来的争论，当然使用具体数值并不会影响本书的结论。债务可持续上限的

---

① 使用庞氏策略定义的原因在于其经常被用于代替国债滚动发行策略。庞氏策略来源于庞氏骗局（Ponzi Scheme），庞氏骗局得名于 20 世纪 20 年代发生在纽约的一桩著名金融诈骗案，一名叫查尔斯·庞氏（Charles Ponzi）的意裔美国人成立了一个空壳公司，策划了一个用后来投资者的资金充作投资收益付给先期投资人的连锁性计划，一时暴富，后被拆穿。这种新债还旧债的方式与国债滚动发行策略相似，从而这里沿用庞氏策略的称呼，以此代表国债滚动发行策略。

研究分为最优上限水平的确定（如 Aiyagari 和 McGrattan，1998）和在假定存在可持续上限水平的条件下讨论债务可持续性（如用《马约》规定的债务标准研究国债的可持续性）两个方面的内容，这里讨论的重点在于判断动态效率经济下的债务可持续性而不是探讨最优上限水平，所以在可持续上限水平下研究该问题。

目前国债可持续性还没有统一的定义，研究国债可持续性问题遵循的国债可持续性定义大致可划分为两种类型。一是以特定的债务可持续性指标上限为标准，并将满足标准的国债规模称为可持续的，比如 Buiter（1985）和 Blanchard（1990）提出的指标法，1991 年欧盟签订的《马约》采用的也是可持续性指标上限，《马约》规定债务可持续标准是债务的 GDP 比率不得高于 60%，以此作为申请加入欧盟成员国的债务衡量标准。Aiyagari 和 McGrattan（1998）对美国政府最优债务规模进行测算，发现美国最优的债务 GDP 比率是 2/3。这种方法的缺点是很难构造出各国普遍适用的国债可持续性指标上限。另一种国债可持续性定义以现值预算约束条件（Present Value Budget Constraint）为依据，满足现值预算约束的国债规模称为可持续的，这个条件主要强调政府未来预算盈余现值和未来债务现值的一致性，由于未来充满不确定性，使得这个条件在现实中的实用性受到质疑，这一点可以由 Trehan 和 Walsh（1988）与 Hakkio 和 Rush（1991）的检验得到说明，他们使用该方法对美国债务可持续性进行判断却得出完全相反的结论。本书对国债可持续性的定义采用第一种方法，根据该定义可以看出可行庞氏策略的国债政策是可持续国债政策。可见，可行庞氏策略就是可行的国债滚动发行策略，即国债滚动发行策略不会导致国债的不可持续。

命题 3：如果庞氏策略可行，那么总可以通过实行特定的国债滚动发行政策，重新分配资源，实现帕累托改进，提高社会福利水平。

证明：假设 t 期的工资增长率为 g_t，t 期国债无风险回报率为 R_t^f（国债无风险利率与 1 之和），令 $\eta_N = \prod_{t=0}^{N} [R_t^f / (1 + g_t)]$。考虑下面这个方案：假定 λ 为一个很小的常数，政府对 0 期的老年人转移支付为 $\lambda \eta_0 w_0$，发行国债为 $\lambda \eta_0 w_0$，当 $t \geq 0$ 时，t 期年轻人购买的债券数量为 $\lambda \eta_t w_t$，从而放弃了 $\lambda \eta_t w_t$ 的消费，按照国债还本付息的做法，当其年老时收到的回报是 $\lambda \eta_t w_t R_{t+1}^f$，特别地，第 0 期的年轻人购买的国债数量为 $\lambda \eta_0 w_0$。根据这个方案，$t+1$ 期年轻人购买的国债数 JP3〗量为 $\lambda\eta_{t+1}w_{t+1}$，又由于 $\lambda\eta_t w_t R^f_{t+1} = \lambda\eta_t[R^f_{t+1}/(1+g_{t+1})]w_t(1+g_{t+1}) = \lambda\eta_{t+1}w_{t+1}$，这说明了 t 期年轻人购买的国债在 $t+1$ 期年老时得到的利息与本金之和刚好可以通过 $t+1$ 期年轻人购买的国债数量得以兑现，表明该方案得以延续。下面分析这个方案对 t 期（$t \geq 0$）年轻人的福利影响，根据（1）式有 $u'(c_{1,t}) = R^f_{t+1}E_t v'(c_{2,t+1})$，$t$ 期年轻人购买的债券数量为 $\lambda\eta_t w_t$，当其年老时收到的补偿是 $\lambda\eta_t w_t R^f_{t+1}$，因此有 $-\lambda\eta_t w_t u'(c_{1,t}) + \lambda\eta_t w_t R^f_{t+1}E_t v'(c_{2,t+1}) = \lambda\eta_t w_t[-u'(c_{1,t}) + R^f_{t+1}E_t v'(c_{2,t+1})] = 0$，这说明所有 t 期（$t \geq 0$）出生的人的效用不会受到影响，而第 0 期的老人则得到了净收益 $\lambda\eta_0 w_0$。

　　如果存在上述所说的 λ，那么由上面的分析可以看出上面这个国债方案是帕累托改进的，从而命题得证，但问题是能否选择到这样的 λ 呢？事实上，假设 $b_t = B_t/Y_t$ 为 t 期的国债与 GDP 的比率，B_t 为 t 期国债存量水平，Y_t 为 t 期 GDP，N_t 为 t 期年轻人的人数。根据命题假设庞氏策略可行的条件和可行庞氏策略的定义知债务与 GDP 比率 b_t 的上确界不超过可持续债务 GDP 比率上限，因此根据数学分析中的上确界定理知 $\{b_t\}$ 有界。此外，根据前面的国债方案可以知道当 $t \geq 0$ 时，t 期年轻人购买的债券数量为 $\lambda\eta_t w_t$，从而可知 t 期的国债存量 B_t 应不小于 t 期所有年轻人购买的国债总额，即 $B_t \geq \lambda\eta_t w_t N_t$，于是 $b_t = B_t/Y_t \geq \lambda\eta_t w_t N_t/Y_t = \lambda\eta_t w_t N_t/w_t N_t \times w_t N_t/Y_t = \lambda\eta_t \times w_t N_t/Y_t$，从而有 $0 < \lambda\eta_t \times w_t N_t/Y_t \leq b_t$，这里 $w_t N_t/Y_t$ 恰好为 t 期工资总收入占 GDP 的比重，于是 $0 < w_t N_t/Y_t < 1$，宏观经济学经常假定工资与 GDP 比例 $w_t N_t/Y_t$ 为常数，它不可能是一个收敛于零的序列，又由上面的证明可以知道 $\{b_t\}$ 有界，从而根据 $0 < \lambda\eta_t \times w_t N_t/Y_t \leq b_t$ 可知 $\lambda\eta_t \times w_t N_t/Y_t$ 也是有界的，按照数学分析的有界性定理和工资与 GDP 比例 $w_t N_t/Y_t$ 的特性可以知道 $\{\lambda\eta_t\}$ 也有界[①]；于是由于 λ 是一个常数，可以进一步得出 $\{\eta_t\}$ 也有界，根据数学分析的有界定理可以知道存在一个正数 $M > 0$ 使得 $\eta_t < M$（$t = 0,1,2\cdots$），假定 ζ 为一个大于 1 的整数，从而只要取 $\lambda = 1/\zeta M$ 就有 $\lambda\eta_t < 1/\zeta$，于是 $\lambda\eta_t w_t < w_t/\zeta$，这说明了此时 t 期年轻人购买的国债数量小于工资水平的 ζ 分之一，只要通过选择适当的 ζ，

---

① 也可用反证法：假设 $\{\lambda\eta_t\}$ 无界，那么由 $w_t N_t/Y_t$ 的特性及数学分析的无界定理知 $\{b_t\}$ 无界，这就与本段开头证明所得到的 $\{b_t\}$ 有界矛盾。

就可以使 $\lambda\eta_t w_t$ 为一个非常小的份额，不会超过 t 期年轻人的支付能力，这就表明我们所要的 λ 是存在的，从而说明上面帕累托改进的国债方案是可行的。命题证明完毕。

综上所述，如果庞氏策略可行，计划者只要恰当地制定国债滚动发行策略，那么国债不但不会给社会造成负担，反而有助于实现帕累托改进，提高社会福利水平。然而经济在什么形势下庞氏策略可行呢？下面这个命题给出了一个充分条件。

命题4：如果经济是动态无效的，0 期的初始债务 GDP 比率不超过可持续债务 GDP 比率上限，那么引入还本付息的国债政策不但是可行的庞氏策略，而且可能实现帕累托改进，提高社会福利水平。

证明：假设 b_t 为 t 期的国债与 GDP 的比率，B_t 为 t 期的国债存量，Y_t 代表 t 期的 GDP 水平，t 期国债无风险回报率为 R_t^f（国债无风险利率与 1 之和），n_t 为 t 期 GDP 增长率，于是 $b_t = B_t/Y_t$，根据命题引入的还本付息国债政策知 $b_{t+1} = R_{t+1}B_t/(1+n_{t+1})Y_t$；假设可持续债务 GDP 比率上限为 δ，则由命题的假设 0 期的初始债务 GDP 比率不超过可持续债务 GDP 比率上限可以知道 $b_0 \leqslant \delta$。由于经济是动态无效的，依据命题2 动态无效的充要条件可以知道 $E\ln R_{t+1} < \ln(1+n_{t+1})$，从而根据数学期望的性质可以得到 $E\ln R_{t+1} = E(E\ln R_{t+1}) < E[\ln(1+n_{t+1})]$，即 $E\ln R_{t+1} < E[\ln(1+n_{t+1})]$，于是在此基础上可以得到债务的动态路径为：

$$
\begin{aligned}
E\ln b_{t+1} &= E\{\ln R_{t+1}B_t - \ln[(1+n_{t+1})Y_t]\} \\
&= E\ln R_{t+1} + E\{\ln B_t - \ln[(1+n_{t+1})Y_t]\} \\
&< E\ln(1+n_{t+1}) + E\{\ln B_t - \ln[(1+n_{t+1})Y_t]\} \\
&= E\{\ln(1+n_{t+1}) + \ln B_t - \ln[(1+n_{t+1})Y_t]\} \\
&= E\ln(B_t/Y_t) = E\ln b_t
\end{aligned}
$$

于是 $E\ln b_{t+1} < E\ln b_t$，从而根据函数的递归性质可以得到 $E\ln b_{t+1} < E\ln b_t < \cdots < E\ln b_0 = \ln b_0 \leqslant \ln\delta$，即 $E\ln b_{t+1} < \ln\delta$，根据数学分析有界性定理和单调递增复合函数的性质可知未来预期的债务与 GDP 比率的上确界不大于可持续债务 GDP 比率的上限 δ，这就说明了庞氏策略是可行的。另外，由命题3 的结论知道可行的庞氏策略可以通过设计特定的国债滚动发

行政策方案实现帕累托改进，提高社会福利水平，于是动态无效经济条件下引入还本付息的国债政策不但是可行的庞氏策略，而且还可能实现帕累托改进，提高社会福利水平。

由此可见，在动态无效经济条件下可以推行可行的庞氏策略，这提供了政府干预经济的一个理由，经济动态无效时政府采用特定的国债滚动发行策略可以实现社会福利的提升，政府可以制定有助于帕累托改进的可持续性国债政策。

二　经验检验

从模型的讨论分析知道财政可持续性与经济形势密切相关，只有对中国宏观经济动态效率问题进行评价才能对财政可持续性做出判断。命题 1 提供了判断经济动态效率的方法，接下来将采取命题 1 的指标进行实证分析，参考陈建奇和刘雪燕（2012）的研究结论讨论中国经济动态效率问题。

根据命题 1 Zilcha（1991）的判断标准，比较利率与 1 之和对数的期望值和经济增长率与 1 之和对数值之间的大小关系就可以判断出经济的动态效率，这里将判断标准做一些转化，将变量期望理解为变量的平均值，根据对数的性质可以直接判别利率与 1 之和的均值和经济增长率与 1 之和均值的大小关系，由于利率未实现完全市场化，所以在判断中使用了三种利率指标：中央国债利率、地方政府债券利率与央行票据利率，分别与经济增长率进行比较。表 9 - 1 给出了 1995 ~ 2009 年中央国债利率、地方政府债券利率与央票利率数据情况，可以看出 1 + GDP 增长率的平均值为 15.06，三种利率情况下相应的利率与 1 之和的均值都小于经济增长率与 1 之和的均值。

当然，采取简单的利率平均手段可能会得出有偏的结论，因而需要进一步考虑时间序列数据的特征，表 9 - 2 是 1995 ~ 2009 年各品种利率与 GDP 增长率比较结果。数据显示，1995 ~ 2009 年各债券品种利率都小于对应的经济增长率，根据数学期望的性质，容易得出各品种利率与 1 之和对数的期望值小于经济增长率与 1 之和对数的期望值，因此，根据命题 2 的动态效率充要条件可以说明中国经济处于动态无效。

表 9 – 1 　 1995～2009 年各品种利率与 GDP 增长率测算结果

单位：%

变量	最小值	最大值	平均值
中央国债利率	2.39	14.31	5.09
地方政府债券(中央代发)利率	1.80	1.80	1.80
央行票据利率	1.34	3.78	2.57
GDP 增长率	6.25	26.13	14.06
1 + rBond	3.39	15.31	6.09
1 + rLend	2.80	2.80	2.80
1 + rBase	2.34	4.78	3.57
1 + GDP	7.25	27.13	15.06

　　注：中央国债利率为每年加权平均数，由于地方政府债券在 2009 年才开始发行，因而其利率为 2009 年以来数据，相应的央行票据利率为 2003～2012 年的数据。1 + rBond 表示中央国债利率与 1 之和的数据，1 + rLend 表示地方政府债券利率与 1 之和的数据，1 + rBase 表示央行票据利率与 1 之和的数据，1 + GDP 表示 GDP 增长率与 1 之和的数据。

　　资料来源：各年的《中国统计年鉴》，Wind 资讯数据库。

表 9 – 2 　 1995～2009 年各品种利率与 GDP 增长率比较结果

单位：%

年度	中央国债利率	GDP 名义增长率	地方政府债券利率	央行票据利率	年度	中央国债利率	GDP 名义增长率	地方政府债券利率	央行票据利率
1995	14.3148	26.13	n. a.	n. a.	2003	2.4619	12.87	n. a.	2.48
1996	11.7445	17.08	n. a.	n. a.	2004	3.3839	17.71	n. a.	2.86
1997	9.4124	10.95	n. a.	n. a.	2005	2.8125	15.67	n. a.	1.94
1998	6.9391	6.87	n. a.	n. a.	2006	2.6604	16.97	n. a.	2.35
1999	3.4681	6.25	n. a.	n. a.	2007	4.1160	22.88	n. a.	3.23
2000	2.8956	10.64	n. a.	n. a.	2008	3.9978	18.15	n. a.	3.78
2001	3.1152	10.52	n. a.	n. a.	2009	2.5753	8.43	1.7972	1.34
2002	2.3945	9.74	n. a.	n. a.					

　　资料来源：Wind 资讯数据库。

　　上面以 Zilcha 动态效率充要条件对中国实际经济运行的动态效率进行了考察，得出了中国经济动态无效的结论。事实上，从更现实的角度看，当经济运行处于动态无效区域时，资本会积累过度，表现为储蓄的持续上升，资金供给大于需求。因此，如果一国经济处于投资小于储蓄的状态，那么也可以从一个侧面反映出现实经济正处于动态无效状态。为此，我们在表 9 - 3 中给出 20 世纪 90 年代以来中国金融机构历年的存款余额、贷款余额和存贷差额。从表 9 - 3 可以看出，1994 年以前，中国的贷款余额大于存款余额。但从 1995 年开始，随着存款余额的迅速增加，存贷差额变成正数。截至 2013 年，中国的存贷差额已经超过了 32 万亿元，这是国内储蓄偏高的有力证据。由此也可以从一个侧面更有力地证明了中国当前经济正处于动态无效。

前面使用不同的方法对中国经济动态效率做出了评价，均得出中国经济处于动态无效的结论，从而可以说明中国经济正处于动态无效。根据命题 3 可以知道，当前我国财政具备可持续性。

表 9 - 3　中国全部金融机构的存贷情况

单位：亿元

年份	存款余额	贷款余额	存贷差额	年份	存款余额	贷款余额	存贷差额
1992	23470	26320	- 2850	2003	208060	159000	49060
1993	29630	32940	- 3310	2004	240530	177360	63170
1994	40470	40810	- 340	2005	287170	194690	92480
1995	53860	50540	3320	2006	335430	225290	110150
1996	68570	61150	7420	2007	389370	261690	127680
1997	82390	74910	7480	2008	466200	303390	162810
1998	95700	86520	9180	2009	597740	399680	198060
1999	108780	93730	15050	2010	718240	479200	239040
2000	123800	99370	24430	2011	809370	547950	261420
2001	143620	112310	31310	2012	917550	629910	287640
2002	170920	131290	39630	2013	1043850	718960	324890

资料来源：《中国统计年鉴 2004》、《中国统计摘要 2005》和中国人民银行统计数据。

三　中国国库现金市场化管理的短期融资制度安排

中国经济处于动态无效，根据上述模型分析得出的命题结果知道，当经济处于动态无效水平时，政府可以制定有助于帕累托改进国债滚动发行策略，而且这种策略不会导致国债的不可持续，这给出了中国现阶段通过短期国债滚动发行策略平滑国库现金波动的可行性分析。然而，短期国债的发行还会受到现有体制的约束。长期以来，中国实行国债年度规模审批制度，在这种制度供给下，财政部发行一年期以内的短期国债会由于短期国债年度内到期而必须进行还本付息，从而占用了年度规模指标，因而财政部在这种制度供给下发行短期国债没有积极性（晓江，2004）。针对这个问题，2005 年 12 月 16 日，十届全国人大常委会第四十次委员长会议通过了全国人大常委会预算工作委员会关于实行国债余额管理制度的意见，国债管理实现了从国债年度规模审批制度到控制年底累计额的国债余额管理制度的转变。这种制度解决了财政部发行短期国债没有积极性的问题，短期国债的发行有了相应的制度环境。

（1）发行国库现金管理券

西方发达市场经济国家一般将发行国库现金管理券弥补国库现金不足作为一项常规事务。发行国库现金管理券是美国财政部国库现金管理的重要手段。美国财政部滚动发行的国库现金管理券包括：每周一发行的期限为 13 周和 26 周的国库现金管理券，每周二发行的期限为 4 周的国库现金管理券，以及有临时现金需要时发行的期限为几天至十几天不等的国库现金管理券。国库现金管理券的发行量通常由财政部根据国库现金流量预测情况提前几个月大体确定下来，并在发行前一周进行适当微调。英国政府除了滚动发行国库现金管理券外，也会特别发行期限不超过 28 天的国库现金管理券。这种国库现金管理券的发行是为了满足不能方便地通过每周定期的国库现金管理券拍卖来弥补临时国库现金的支出需要，为英国政府提供了平抑国库现金波动的附加工具，从而能够更加精确地熨平国库现金波动。

我国推行国库现金管理制度改革，必然也面临着通过国库现金管理券融资的问题。尽管财政融资还有另一种方式，即向中央银行透支借款的方式，但是，1993 年 12 月 25 日，《国务院关于金融体制改革的决定》正式下发，文件要求"财政部停止向中国人民银行借款，财政预算先支后收的头寸短缺靠短期国债解决，财政赤字通过发行国债弥补"，1994 年后法律规定透支借款不再是我国弥补财政赤字的方式。因而我国国库现金融资问题也只能通过发行国库现金管理券解决。对于国库现金管理券的发行时机选择，还必须考虑与现有税收制度的协调。债务与税收是国库现金的两个重要来源，税收变化会造成国库现金的变化，政府对此表现出被动性，但由于税收的上缴时间和国库现金管理券的期限结构设计都属于政府的控制范围，因而政府可以通过制定税收的上缴时机和国库现金管理券的发行偿还机制，平滑国库现金流量。具体而言，对于国库现金管理券的滚动发行，可以将国库现金管理券的到期日确定为税收的上缴时间，这样，税收上缴时，社会因为税收高峰而出现大量资金集中缴入国库的情况，与此同时，国库现金管理券的到期偿还却使国库现金流向社会流通领域，资金的流入和流出在一定程度上发生抵消作用，从而平滑国库现金流量。

（2）货币市场融资

货币市场拆借是国库现金融资的另一种方式，货币市场拆借是指金融机构、特定的非金融机构之间为调剂头寸和临时性资金短缺而进行的短期融通活动。其意义在于使资金盈余机构可以及时地贷出资金，资金不足的机构可以及时借入资金保证支付，从而提高资金管理部门的资金运用效率并满足必要的流动性需求。目前进行货币市场拆借的拆借对象主要是全国资金拆借市场的成员。国库现金头寸管理利用货币市场拆借的方式主要有：①出现短期现金盈余时，将盈余现金在货币市场贷出，其期限长短取决于现金流出的预期；②如果可以预测未来一段时间内会出现国库现金不足或者盈余的情况，可在当天既借入资金又贷出资金，借入资金和贷出资金的期限分别取决于未来现金流入和流出的预期；③在利率有利的情况下，可采取远期回购方式提前借入或贷出资金，以获取更大的收益。

第四节　中国财政国库现金市场化管理：宏观政策协调

前面各章关于国库现金对货币政策效应影响的理论分析和实证研究表明，国库现金不仅是关系政府正常运作的财政保障，而且也会对货币政策产生显著的影响，国库现金与国债一样成为货币政策与财政政策的重要结合点。因而，推行混合金库制度改革仅仅是迈出熨平国库现金对货币政策影响的重要一步，要切实消除国库现金对货币政策效应的负面影响，必须进一步建立财政政策与货币政策的日常协调机制，在政策工具、政策实效和政策功能等方面加强合作和协调。

（1）建立财政部门与中央银行的定期会晤机制，加强国库现金预测，中央银行通过公开市场操作对冲预期的国库现金运动

现阶段中国财政政策与货币政策没有从属之分，这决定了财政部门与中央银行的相对独立性，国库现金变化产生的财政政策与货币政策冲突就难以避免。对此，必须建立财政部门与中央银行的定期会晤机制，这种会晤机制应当是多层面、全方位的，既包括高层人士之间的定期会晤，也包括具体政策调控部门之间的信息传递与交流、意见、主张的反馈等。通过这一机制，促进财政部门与中央银行在政策制定、实施等方面的协调与沟通，进而提高财政、货币政策调控的有效性和完整性。可以借鉴发达市场经济国家的经验，设立专门的财政部门和中央银行工作协调委员会，增加彼此之间协商、协调的机会，以减少摩擦、加强合作。为了便于银行进行货币管理，财政部门定期向银行提供详细的现金流量计划，反映财政资金的需求及其在银行存款的变动情况。央行则对政府公债的发行时间、发行券种、发行期限、发行利率和发行方式等提出政策建议，对政府公债的二级市场交易提供便利和服务，并向财政部提供实时的交易信息（贾康、阎坤和周雪飞，2003）。在此基础上，财政部门与中央银行定期进行国库现金预测，彼此协商平滑国库现金的政策选择，中央银行通过公开市场操作对冲预期的国库现金波动，最终实现熨平国库现金对货币政策效应影响的目标。

（2）推进账户体系创新与设计

开设与中央财政国库现金管理相关的有两类主要账户，即中央银行国库账户与中央财政国库投资账户，但这并不能保证国库现金管理目标的实现，需要进一步推行相关制度建设，通过行之有效的账户管理制度安排，才能促进账户管理效率的提升。因而，在创建账户体系之后，中央财政与中央银行应加强协调沟通，制定适合本国实际情况的账户管理细则及国库现金在不同账户之间的转换及管理操作制度，这不仅仅需要考虑货币政策调控的需要，还需要考虑财政国库现金的高度安全性和流动性，在此基础上，根据市场原则，制定有利于实现国库现金收益最大化的闲置国库现金投资方式选择。

（3）厘清财政政策与货币政策的关系，提高宏观调控的效率

国库现金成为财政政策与货币政策的结合点，因而，明确财政政策与货币政策的关系，才能更好地解决由于国库现金而引起的财政政策和货币

政策的冲突与矛盾，提高宏观调控的效率。尽管改革开放 40 年的发展助推中国市场经济取得了较快的进步，但当前市场经济体制仍然有待进一步的完善，由此决定了宏观货币政策与财政政策的关系仍然难以达到理想的市场经济条件下各司其职的状态。党的十八届三中全会指出，让市场在资源配置中起决定性作用和更好发挥政府作用，既指明了深化市场化改革的长远目标，也强调了政府宏观调控的重要性。结合实际来看，未来推进汇率、利率等货币金融市场化改革将促进市场在资源配置中的效率提升，同时，货币金融市场化改革为货币政策传导机制的效率提升奠定了基础，也为厘清财政政策与货币政策的关系创造了条件。从国库现金角度看，影响国库现金收支的财政政策应尽可能平滑国库现金波动，最大限度降低国库现金对货币政策的外生冲击，而货币政策也需要考虑国库现金的季节性、周期性等客观波动趋势，最大限度地提升货币政策有效性。

参考文献

[1] Abel, A. B., Mankiw, G. N., Summers, L. Zeckhauser, R. J. "Assessing Dynamic Efficiency: Theory and Evidence," Review of Economic Studies, 1989, 56.

[2] Acheson, K., "The Allocation of Government Deposits among Private Banks: The Canadian Case," *Journal of Money, Credit and Banking*, 1977, 9.

[3] Aiyagari, S. R. McGrattan, E. R. "The Optimum Quantity of Debt," Journal of Monetary Economics, 1998, 42 (3).

[4] Aiyagari, S. R. & McGrattan, E. R., "The Optimum Quantity of Debt," Journal of Monetary Economics, 1998, 42 (3).

[5] Albrecht, W., L. Lookabill, J. Mckeown, "The Time-series Propertties of Annual Earning," *Journal of Accounting Research*, 1977, 15 (2).

[6] Alessi, L. D., "The Demand for Money: A Cross Section Study of British Business Firms," *Economica*, 1966, 33 (8).

[7] Aronson, Richard, J., "The Idle Cash Balances of State and Local Governments: An Economic Problem of National Concern," *Journal of Finance*, 1968, 23.

[8] Baguestani, H., R. McNown, "Forecasting the Federal Budget with Time Series Models," *Journal of Forecasting*, 1992, 11.

［9］Barnar,G. A. , Jenkins, G. M. , Winston, C. B. , "Likelihood Inference and Time Series," *Journal of the Royal Statistical Society*, 1962, 125（3）.

［10］Baumol, W. J. , "The Transactions Demand for Cash: An Inventory Theoretic Approach," *Quarterly Journal of Economics*, 1952, 66（4）.

［11］Beranek, W. , Analysis for Financial Decisions, Homewood Ill. Richard D. Irwin, United States of America, 1963.

［12］Blanchard, O. J. , "Suggestions for a New Set of Fiscal Indicators, Organization for Economic Cooperation and Development," Working Paper, 1990, No. 79.［13］Bossons,J. , Beranek, W. , "Analysis for Financial Decisions", *Journal of the American Statistical Association*, 1963, 59（307）.

［14］Box,George, E. P. , Jenkins, G. M. , Reinsel, G. C. , Gwilym M. Jenkins, "Time Series Analysis: Forecasting and Control（Revised Edition）", *Journal of Marketing Research*, 1994, 14（2）.

［15］Bretschneider,S. I. , W. L. Gorr, G. A. Grizzle, W. E. Klay, "Political and Organizational Influences on the Accuracy of Forecasting State Government Revenues," *International Journal of Forecasting*, 1989, 5.

［16］Buiter, W. H. , "International Monetary Policy to Promote Economic Recovery," *Leibniz Information Centre for Economics Working Paper*, No. 468, 1985, 11.

［17］Buiter, W. H. , "New Developments in Monetary Economics: Two ghosts, Two Eccentricities, a Fallacy, a Mirage and a Mythos," *Economic Journal*, 2005, 115（502）.

［18］Buiter,W. H. , "The Fiscal Theory of the Price Level: A Critique," *Economic Journal*, 2002, 112（481）.

［19］Bunch,B. S. , "TexPool's Experiences in the 1990s: Policy Implications for Other State Investment Pools," *Public Budgeting & Finance*, 1999, 19.

［20］BusinessWeek, Bad year for Econometircs, 1970。

［21］Canzoneri, M. B. , R. E. Cumby, B. T. Diba, "Is the Price Level Determined by the Needs of Fiscal Solvency?" *American Economic Review*, 2001, 91（5）.

［22］ Cao, J. G. , B. Robidoux, "The Canadian Economic and Fiscal Model 1996 Version," Department of Finance, Canada, Working Paper, 1998, 7.

［23］ Clements, M. P. , Hendry, D. F. , *Forecasting Economic Time Series* (Cambridge University Press, 1998).

［24］ Coates, R. C. , *The Demand for Money by Firms* (Marcel Dekker Inc. , 1976).

［25］ Constantinides, G. , "Stochastic Cash Management with Fixed and Proportional Transaction Costs," *Management Science*, 1976, 23 (8).

［26］ CooperRonald L. , Jorgenson Dale W. , The Predictive Performance of Quarterly Econometric Models of the US Conference on Econometric Models of Cyclical Behavior, Harvard university, 1969.

［27］ Cooper, S. K. , "Idle Cash Balances of State and Local Governments: An Estimation Techniques," *Nebraska Journal of Economics & Business*, 1973, 12 (2).

［28］ Cooper, S. K. "The Economics of Idle Public Funds Policies: Reconsideration," *National Tax Journal*, 1972, 3.

［29］ Dallenbach, H. G. , "A Stochastic Cash Balance Model with Two Sources of Short-term Funds," *International Economic Review*, 1971, 12.

［30］ Diamond, P. "National Debt in a Neoclassical Growth Model," American Economic Review, 1965, 55 (5) .

［31］ Dickey, D. A. , Fuller W. A. , "Likelihood Ratio Statistics for Autogressive Time series with a Unit Root," Econometrica, 1981, 49.

［32］ Dickey, D. A. Fuller W. A. , "Distribution of the Estimators for Autogressive Time Series with a Unit Root," Journal of the American Stastical Association, 1979, 74.

［33］ Dobson, L. W. , "A Note on the Alternative Uses and Yields of Idle Public Funds," *National Tax Journal*, 1968, 9.

［34］ Dobson, W. L. , "The Investment of Idle Public Funds: a Review of the Issues ," *American Journal of Agricultural Economics*, 1972, 72.

［35］ Duggar, J. W. , Rost, R. F. , "National Bank Note Redemption and Treasury Cash," *Journal of Economic History*, 1969, 29 (3).

［36］ Engle,R. F. , Granger, C. W. J. , "Co-Integration and Error Correction: Representation, Estimation, and Testing," Econometrica, 1987, 55 (2).

［37］ Eppen,G. D. , Fama, E. F. , "Three Asset Cash Balance and Dynamic Portfolio Problems," *Management Science*, 1971, 17 (1).

［38］ EvansMichael K. , Klein Lawrence R. , "The Wharton Econometrice Forecasting Models," Economics Research Unit, Dept. of Economics, Wharton School of Finance and Commerce, University of Pennsylvania, 1968, 2.

［39］ Fellows,R. F. , "Escalation Management: Forecasting the Effects of Ination on Building Projects," *Construction Management and Economics*, 1991, 9 (2).

［40］ FingerCatherine A. , "The Ability of Earnings to Predict Future Earnings and Cash Flow," *Journal of Accounting Research*, 1994, 32 (2).

［41］ Fisher,I. , Barber, W. J. , "The Purchasing Power of Money," *Journal of Political Economy*, 1920, 37 (959).

［42］ Fox, D. , Garrison, P. , Neuhaus, R. , Raftery, D. , In Cash Management, Banks and Companies Concentrate on Key Relationships, Commercial Lending Review, ABI/INFORM Global, 2005.

［43］ Friedman, B. M. and K. N. Kuttner, "Money, Income, Prices, and Interest Rates," American Economic Review, 1992, 82.

［44］ Friedman,M. , Schwartz, A. J. , *A Monetary history of the United States*: 1867 – 1960 (Princeton: Princeton University Press, 1963).

［45］ Friedman, M. , "The Demand for Money: Some Theoretical and Empirical Results," *Journal of Political Economy*, 1959, 67 (8).

［46］ Feldstein, M. & Stock, J. H. , "The Use of Monetary Aggregate to Target Nominal GDP," NBER Working Papers 4304, 1993.

［47］ Garbade, K. , Partlan, J. , Santoro, J. , "Recent Innovations in Treasury Cash Management," *Current Issues*, *Economics*, *Finance*, 2004, 10.

［48］ Gilbert,R. A. , "New Seasonal Factors for the Adjusted Monetary Base,"

Federal Reserve Bank of St. Louis Review, 1985, 12.

[49] Giles, C. , J. Hall, "Forecasting the PSBR Outside Government: The IFS Perspective," *Fiscal Studies*, 1998, 19.

[50] Grizzle, G. A. , Klay, W. E. , "Forecasting State Sales Tax Revenues: Comparing the Accuracy of Different Methods," *State & Local Government Review*, 1994, 26 (3).

[51] Hald, E. C. , "Monetary Aspects of Changes in Treasury Cash Balances," *Southern Economic Journal*, 1956, 22 (4).

[52] Hakkio, C. S. &Rush, M. , "Is the Budget Deficit Too Large?" Economic Inquiry, 1991, 29 (3) .

[53] Hamilton, J. D. , Time Series Analysis (Princeton University Press, 1994) .

[54] Haywood, C. F. , *The Pledging of Bank Assets: A Study of the Problem of Security for Public Deposits* (Chicago: Association of Reserve City Bankers, 1967).

[55] Hecklman, J. C. , Wood, J. H. , "Political Monetary Cycles Under Alternative Institutions: The Independent Treasury And The Federal Reserve," *Economics & Politics*, 2005, 17.

[56] Hua Goh Bee, Teo Ho Pin, "Forecasting Construction Industry Demand, Price and Productivity in Singapore: the Box-Jenkins Approach," *Construction Management and Economics*, 2000.

[57] Jorgenson, D. W. , Hunter, J. , Nadiri, M. I, "The Predictive Performance of Econometric Models of Quarterly Investment Behavior," *Econometrica*, 1970, 38 (2).

[58] Keynes, J. M. , The General Theory of Employment, Interest, and Money, Reprinted by Macmillan in 1970, 1936.

[59] Keynes, J. M. , 1936, *The General Theory of Employment, Interest, and Money* (Macmillan, 1970).

[60] Kinley, D. , "The Relation of the United States Treasury to the Money Market," *American Economic Association Quarterly*, 1908, 9 (1).

[61] Lawrence, K. , A. Anandarajan, G. Kleinman, "Forecasting State Tax

Revenues: A New Approach," *Advances in Business and Management Forecasting*, 1998, 2.

[62] Lienert, Ian. , "Public Financial Management Technical Guidance Note," IMF Working Paper, 2008.

[63] Lipe, R. , R. Kormendi, "The Implications of the Higher-order Properties of Annual Earnings for Security Valuation," *Earning Quality*, 1993.

[64] Lorek Kenneth S. , Willinger Lee G. , "A Multivariate Time-series Prediction Model for Cash Flow Data," The Accounting Research, 1996.

[65] Lynch, T. D. , Shamsub, H. , Onwujuba, C. A. , "Strategy to Prevent Losses in Local Government Investment Pools," *Public Budgeting & Finance*, 2002, 22.

[66] Maldonado Rita M. , Ritter Lawrence S. , "Optimal Municipal Cash Management: A Case Study," *Review of Economics & Statistics*, 1971, 53.

[67] Marshall, A. , *Money, Credit, and Commerce* (London : Macmillan, 1923).

[68] Mattson, K. , Hackbart, M. , "State and Corporate Cash Management: A Comparison," *Public Budgeting & Finance*, 1990, 10.

[69] Meltzer, A. H. , "A Demand for Money: A Cross Section Study of Business Firms," *Quarterly Journal of Economics*, 1963a, 77, 3 (8).

[70] Meltzer, A. H. , "The Demand for Money: The Evidence from Time Series," *Journal of Political Economy*, 1963b, 71, 3 (6).

[71] Michel Gregory R. , MacKenzie Mark, "Cash Management Technology in State and Local Government," *Government Finance Review*, 2005, 21 (5).

[72] Miller, M. H. , Orr, D. , "A Model of the Demand for Money by Firms," *Quarterly Journal of Economics*, 1966, 80, 3 (8).

[73] Nadiri, M. I. , "The Determinants of Real Cash Balances in the U. S. Total Manufacturing Sector," *Quarterly Journal of Economics*, 1969, 83, 2 (5).

[74] Nazmi, N. , J. H. Leuthold, "Forecasting Economic Time Series that Require a Power Transformation: Case of State Tax Receipts," *Journal of Forecasting*, 1988, 7.

[75] Phelps, E. , "The Golden Rule of Accumulation: A Fable for

Growth," *American Economic Review*, 1961, 51 (4).

[76] Phillips, C. B., Perron, P., "Regression Theory for Near-Integrated Time Series," *Econometrica*, 1988, 56 (5).

[77] Pigou, A. C., "The Value of Money," *Quarterly Journal of Economics*, 1917, 31 (11).

[78] Pike, T., Savage David, "Forecasting the Public Finances in the Treasury," *Fiscal Studies*, 1998, 19 (1).

[79] Quirin Jeffrey J. et al., "Forecasting Cash Flow from Operations: Additional Evidence," *The Mid Atlantic Journal of Business*, 1999.

[80] Ramesh, K., Thiagarajan, S., "Randon Walk and Unit Root Tests of Acounting Earnings," Working paper, Northwestern University, 1989.

[81] Razek Joseph R., "Gain control of Your Organization's Finances: Cash Budgets," *Nonprofit World*, 1993, 7 (2).

[82] Reddick, C. G., "An Empirical Examination of Revenue Forecasting Techinques in Local Governments," Municipal Finance Journal, 2004 (winter).

[83] Sargent, T. J., N. Wallace., "Some Unpleasant Monetary Arithmetic," *Quarterly Review*, 1981, 5.

[84] Samuelson, P. A. "An Exact Consumption Loan Model of Interest with or without the Social Contrivance of Money," Journal of Political Economy, 1958, 66 (6).

[85] Sentance, A., S. Hall, J. O'Sullivan, "Modelling and Forecasting UK Public Finances," *Fiscal Studies*, 1998, 19.

[86] Solow, R., Growth Theory: An Exposition (New York and Oxford: Oxford University Press, 1970).

[87] Srinivasan, V., Kim, Y. H., "Deterministic Cash Flow Management: State of the Art and Research Directions," *Omega*, 1986, 14 (2).

[88] Stasavage David, Moyo Dambisa, "Are Cash Budgets a Cure for Excess Fiscal Deficits (and at What Cost)?" *World Development*, 2000, 28 (12).

[89] Stock, J. H., Watlson, M. W., *Inrtoduction to Econometrics* (New York: Pearson Education, 2003).

［90］ Stone Bernell K. , Miller Tom W. , "Daily Cash Forecasting with Multiplicative Models of Cash Flow Patterns," *Financial Managementment*, 1987, 16 (4).

［91］ Stone, B. , "The Use of Forecasts and Smoothing in Control – Limit Models for Cash Management," *Financial Management*, 1972, 1 (Spring).

［92］ Taus, E. R. , *Central Banking Functions of the United States Treasury* 1789- 1941 (New York: Columbia University Press, 1943) .

［93］ Teresa Leal et al. , "Fiscal Forecasting-lessons from the Literature and Challenges," Working Paper Series 843, European Central Bank, 2007.

［94］ Tobin, J. , "The Interest Elasticity of Transactions Demand for Cash," *Review of Economics and Statistics*, 1956, 38 (August).

［95］ Trask, H. A. , The Independent Treasury: Origins, Rationale, and Record, 1846-1861. (Ph. D. dissertation, Ludwig Von Mises Institute, 2002).

［96］ Trehan, B. &Walsh, C. E. , "Common Trends, the Government's Budget Constraint, and Revenue Smoothing," Journal of Economic Dynamics and Control, 1988, 12.

［97］ Verbrugge, J. A. , "Idle Public Funds Policies: Some Additional Evidence," *Nebraska Journal of Economics and Business*, 1973, 3.

［98］ Watts, R. , R. Leftwich, "The Time Series of Annual Accounting Earnings," *Journal of Accounting Research*, 1977.

［99］ Wheeler, C. E. , "The Investment of Idle Public Funds," *Nebraska Journal of Economics and Business*, 1972, 11.

［100］ WilderSteve, "The Latest Trends in North American Cash Management," *Global Finance*, 2005, 9.

［101］ WilliamsMike, "Government Cash Management: Good-and Bad-Practice, Internal Technical Note," UK Debt Management Office Working Paper, 2004, 8.

［102］ Woodford, M. , "The Taylor Rule and Optimal Monetary Policy," *American Economic Review*, 2001, 91 (2).

［103］YibinMu，"Government Cash Management：Good Pracice & Capacity-building Framework，" World Bank. Washington D. C. ，2006.

［104］Zilcha，I. "Characterizing Efficiency in Stochastic Overlapping Generations Models，" Journal of Economic Theory，1991，55（1）.

［105］Zilcha，I.，"Dynamic Efficiency in Overlapping Generations Models with Stochastic Production，" Journal of Economic Theory，1990，52（2）.

［106］财政部国库司：《比较与发展：中国中央政府国库现金管理研究》，财政部工作论文，2007。

［107］财政部国库司：《国库现金管理基础与实务》，经济科学出版社，2007。

［108］财政部国库司：《英国、瑞典国库现金管理考察报告》，《预算管理与会计》2008 年第 5 期。

［109］陈建奇、刘雪燕：《中国财政可持续性》，《经济研究参考》2012 年第 2 期。

［110］陈建奇、张原：《国库现金转存商业银行对货币供给政策的影响——基于商业银行资产负债框架的扩展分析》，《金融研究》2010 年第 7 期。

［111］陈建奇、张原：《国债期限结构为何刚性难调——基于中国债券市场制度约束的分析》，《证券市场导报》2010 年第 1 期。

［112］陈建奇、张原：《激活财政存量资金重在修订〈预算法〉》，《英国金融时报》2013 年 7 月 25 日。

［113］陈建奇、张原：《美国赤字政策演化路径及债务货币化风险研究：基于奥巴马新政背景的分析》，《世界经济》2010 年第 5 期。

［114］陈建奇、张原：《政府国库资金、货币供给与货币政策有效性》，《财经研究》2007 年第 9 期。

［115］陈建奇、张原：《中国金融开放改革如何提速?》，《中国党政干部论坛》2014 年第 11 期。

［116］陈健、郭菊娥、席酉民：《国内消费税预测》，《商业研究》2005 年第 16 期。

［117］陈明：《美国联邦储备体系的历史渊源》，中国社会科学出版社，

2003。

[118] 陈燕武、吴承业，《论宏观经济计量模型的发展》，《华侨大学学报》（哲学社会科学版）2002 年第 6 期。

[119] 程毛林、张伦俊：《多元非线性经济预测模型的建立方法》，《统计与决策》2005 年第 9 期。

[120] 程毛林、张伦俊：《多元非线性经济预测模型的建立方法》，《统计与决策》2005 年第 9 期。

[121] 单学勇：《国库制度——理论分析与运作管理》，中国科学技术大学出版社，2004。

[122] 范从来，《论货币政策中间目标的选择》，《金融研究》2004 年第 6 期。

[123] 顾军华、宋丽娟、赵文海、宋洁：《基于改进 BP 神经网络的税收收入预测模型》，《河北工业大学学报》2003 年第 1 期。

[124] 郭菊娥、钱鑫、曹华：《2004 年中国税收收入预测研究》，《财经科学》2004 年第 S1 期。

[125] 郭秀、路勇：《构建一种地方财政收入的预测模型》，《价值工程》2004 年第 5 期。

[126] 何明霞：《国库现金管理与货币政策的协调》，《统计与决策》2004 年第 10 期。

[127] 黄达：《金融学》，中国人民大学出版社，1999。

[128] 黄艳卿、王传纶：《中国国库业务全书》，中国财政经济出版社，1994。

[129] 贾康、阎坤、周雪飞：《国库管理体制改革及国库现金管理研究》，《管理世界》2003 年第 6 期。

[130] 寇铁军、金双华：《灰色系统理论在税收预测中的应用研究》，《数量经济技术经济研究》2001 年第 12 期。

[131] 林国玺、宣慧玉：《遗传算法和 BP 人工神经网络在税收预测中的应用》，《系统管理学报》2005 年第 2 期。

[132] 刘菲菲：《从开展国库现金管理看我国短期国债市场的建立》，硕士学位论文，西南财经大学，2005。

[133] 吕宁：《地方财政一般预算收入预测模型研究》，硕士学位论文，浙

江大学，2006。

[134] 马海涛、安秀梅：《公共财政概论》，中国财政经济出版社，2003。

[135] 邱华炳：《国库运作与管理》，厦门大学出版社，2001。

[136] 任元芬、王凌飞、罗珊：《国库现金流预测的途径和方法研究》，《现代经济信息》2013 年第 24 期。

[137] 盛松成、施兵超、陈建安：《现代货币经济学：西方货币经济理论研究》，中国金融出版社，2001。

[138] 孙勇：《从财政国库存款计息到对库底资金进行现金管理》，《理论界》2006 年第 10 期。

[139] 谭平：《国库制度之研究》，民智书局，1929。

[140] 王长勇：《国库全年超收 5000 亿，巨额存款为难央行》，《财经时报》2004 年 10 月 16 日。

[141] 王文素、周剑南、宁方景：《国库现金管理与货币政策协调方式的选择》，《地方财政研究》2013 年第 9 期。

[142] 王雪阳：《国库现金管理的方式选择》，《中国金融》2005 年第 7 期。

[143] 韦士歌：《国库现金管理及与债务管理的协调配合》，《财政研究》2003 年第 2 期。

[144] 吴晶妹：《评货币政策的中介目标——货币供应量》，《经济评论》2002 年第 5 期。

[145] 晓江：《国债余额管理触礁》，《数字财富》2004 年第 6 期。

[146] 谢志霞：《构建国库现金管理模式探讨》，《甘肃金融》2011 年第 1 期。

[147] 徐德华：《中央国库现金管理中标利率与 Shibor 关系研究——基于误差修正模型的实证分析》，《金融发展研究》2013 年第 4 期。

[148] 杨青坪、刘莉：《基层国库现金管理的探索与思考——基于 Baumol 扩展模式和 Miller-Orr 模型的分析》，《西部金融》2012 年第 1 期。

[149] 杨玉霞、楼清昊：《国库现金余额变动的货币效应分析》，《地方财政研究》2014 年第 2 期。

[150] 张伦俊：《税收预测模型的拟合与分析》，《数理统计与管理》1999 年第 2 期。

[151] 张原、陈建奇：《美国国债评级展望下调的根源及前景——基于标普下调美国国债评级展望的分析》，《中国货币市场》2011 年第 6 期。

［152］ 张原、陈建奇：《中国国库制度改革的目标模式分析》，《现代经济探讨》2011 年第 1 期。

［153］ 周建军、王韬：《流转税制与所得税制的比较研究——中国税收CGE 模型的应用》，《当代经济科学》2001 年第 2 期。

图书在版编目（CIP）数据

财政国库现金管理研究：基于管理效率评估及最优
化视角 / 张原著 . -- 北京：社会科学文献出版社，
2018.4
ISBN 978 - 7 - 5201 - 2378 - 5

Ⅰ. ①财… Ⅱ. ①张… Ⅲ. ①国库 - 财政管理 - 研究
- 中国 Ⅳ. ①F812.2

中国版本图书馆 CIP 数据核字（2018）第 044335 号

财政国库现金管理研究
——基于管理效率评估及最优化视角

著　　者 / 张　原

出 版 人 / 谢寿光
项目统筹 / 恽　薇
责任编辑 / 关少华　李吉环

出　　版 / 社会科学文献出版社·经济与管理分社（010）59367226
　　　　　地址：北京市北三环中路甲 29 号院华龙大厦　邮编：100029
　　　　　网址：www. ssap. com. cn
发　　行 / 市场营销中心（010）59367081　59367018
印　　装 / 三河市龙林印务有限公司

规　　格 / 开　本：787mm × 1092mm　1/16
　　　　　印　张：13　字　数：210 千字
版　　次 / 2018 年 4 月第 1 版　2018 年 4 月第 1 次印刷
书　　号 / ISBN 978 - 7 - 5201 - 2378 - 5
定　　价 / 69.00 元